AF330701

CONSIDÉRATIONS MILITAIRES

3098

Clichy. — Imprimerie Paul Dupont et Cie, rue du Bac-d'Asnières, 12,

J.-B. BANNIARD

SOUS-OFFICIER AU 32e MOBILES

GUERRE DE 1870-1871

CONSIDÉRATIONS MILITAIRES

Suum cuique.....

PARIS

E. LACHAUD, ÉDITEUR

4, PLACE DU THÉATRE-FRANÇAIS, 4

1872

Tous droits réservés

GUERRE DE 1870-1871.

CONSIDÉRATIONS MILITAIRES.

Lorsque la nouvelle des premiers désastres sur le Rhin parvint aux oreilles de notre France si glorieuse de soixante années de triomphes, de notre France victorieuse de toutes les nations de l'Europe dans cent combats, elle ne songea pas un seul instant que ces revers elle les avait préparés par son indifférence politique ; mais jetant immédiatement en pâture à sa folie patriotique les noms des généraux vaincus, elle osa dans son sublime désespoir les accuser de trahison, alors qu'ils n'étaient coupables, les malheureux ! que d'incapacité et d'impéritie. Si dans le siècle à idées étroites où nous vivons, un orateur eût osé dire à la tribune, comme autrefois Démosthènes le criait aux Athéniens en leur rappelant la sanglante journée de Marathon, que ceux-là n'avaient pas démérité qui étaient morts à Wissembourg, à Forbach, à Reischoffen, sa voix n'eût alors trouvé aucun écho dans cette France indignée qu'on osât lui arracher ce prestige des grands souvenirs de la victoire qu'à chaque menace de l'Europe elle lui jetait à la face comme un fantôme devant lequel elle devait s'incliner.

Ce fut un triste moment que celui où l'on s'aperçut que les hommes en qui tous avaient confiance n'étaient pas à la hauteur de leur mission. Plusieurs purent racheter par une mort glorieuse les fautes qu'ils avaient commises, et personne n'osa incriminer le plus grand nombre des survivants, parce que l'on savait bien, qu'à l'exemple du maréchal Ney à Waterloo, s'ils n'avaient pas succombé c'est que la mort n'avait pas voulu d'eux.

Je ne suis pas de ceux qui, après la défaite, craignent de ne pouvoir se relever. S'il est une nation capable de grands moyens, c'est assurément la nation française. Il importe donc à celui qui ne désespère pas de contribuer de tout son pouvoir à apporter un soulagement à la patrie malheureuse écrasée sous le nombre, mais qui, comme le lion blessé, reparaîtra, au jour de la guérison, plus vaillante et plus forte que jamais si elle peut trouver dans son sein des hommes capables de sacrifier leurs mesquines passions à l'amour de la patrie. A ceux-là je leur dirai : Marchez hautement et sans crainte ; ne redoutez pas de blesser quelques susceptibilités étroites en proclamant au grand jour la vérité : c'est en discutant les faits qu'on apprend à les connaître, et l'étude de la défaite conduit à la victoire.

Je livre à la publicité les quelques considérations qui vont suivre, dans l'espoir qu'elles pourront contribuer à une victorieuse revanche. Mon but sera atteint si, dans les débats que va soulever la grande question de réorganisation militaire soumise actuellement à l'Assemblée, et qui préoccupe le pays à si juste titre, elles obtiennent l'approbation de ceux qui, comme moi, sont animés d'un sincère patriotisme.

I

Le seul homme qui ait compris l'infériorité de l'organisation militaire française vit malheureusement son œuvre dépopularisée par la coalition inclairvoyante des députés de la gauche. Les paroles des membres de l'opposition firent croire à la France que l'appel sous les drapeaux d'un plus grand nombre d'hommes n'avait d'autre but que la consolidation de la dynastie impériale. Les discours prononcés en décembre 1867 au Corps législatif par MM. Jules

Simon, Jules Favre, Ernest Picard et autres, resteront comme une preuve de ce que peut produire l'aveuglement d'une passion politique qui, pour acquérir de la popularité, fait de l'opposition quand même et sans prévoyance des funestes conséquences dans l'avenir d'une phraséologie prétentieuse. A la séance du 19 décembre, M. Jules Simon déclarait : « *Qu'il* « *n'était point partisan des armées permanentes, ni* « *surtout des armées nombreuses.* » Plus loin, il ajoutait : « Nous trouvions déjà excessive l'élé- « vation de l'armée à 600,000 hommes, et voilà qu'à « présent, au lieu de 600,000, on nous parle de « 800,000 hommes, et quand on parle de 800,000 « hommes, on sous-entend qu'il y aura encore der- « rière eux 400,000 hommes de garde mobile. Mais « *qu'est-il donc arrivé ?...* » Ce dernier membre de phrase me semble démontrer suffisamment combien vous étiez peu au courant de la question que vous traitiez.

Le maréchal Niel, proposant, après Sadowa, l'organisation de la garde mobile, sauvait le pays si ses projets eussent obtenu l'accueil qu'ils méritaient. Forcé plus tard de revenir à son système, on ne trouva qu'une jeunesse indisciplinée, turbulente, sans confiance dans des chefs qu'elle savait inexpérimentés et dont on ne put utiliser l'intelligence, par l'excellente raison qu'ils n'étaient pas instruits.

Certes il faut leur rendre cette justice à ces jeunes hommes, c'est que, dans toutes les affaires, ils sont morts sans céder d'un pas, le rire aux lèvres et la haine au cœur. Le talent de savoir mourir est le privilége de la nation française, et nos revers ne nous l'ont pas enlevé. Les officiers de l'armée du Rhin se sont bien souvent demandé par quels moyens, eux prisonniers, l'on avait pu encore faire durer la guerre six mois. La solution du problème n'est pas difficile à trouver : c'est parce que la jeunesse française avait compris, à l'heure du danger, qu'il était temps de se sacrifier. Si elle n'a pu nous relever par son héroïsme des échecs déjà subis, elle a montré cependant de quoi elle était capable, en tenant tête sans armes, sans vivres, sans munitions et sans habits aux vétérans de Frédéric-Charles.

On ne peut rendre responsables des événements des hommes dont les qualités ne furent pas utilisées comme elles méritaient de l'être. Il eût fallu à cette jeune armée une expérience que quelques jours de manœuvres, commandées par des officiers peu ou point instruits, ne pouvaient leur faire acquérir. Depuis longtemps on a dit, et avec raison, que le soldat ne s'improvisait pas ; les faits de la dernière guerre l'ont malheureusement trop bien prouvé. Le maréchal Niel le déclarait à la tribune, et sa sagacité militaire ne l'avait pas trompé. « La question de la levée en masse, « disait-il, a été agitée plusieurs fois, et je ne pense « pas qu'on puisse donner à notre pays un conseil « plus fatal que celui d'assurer un jour sa sécurité « par la levée en masse. »

Son successeur, le maréchal Le Bœuf, sut plaire à la gauche en lui sacrifiant à son début les principes de son prédécesseur, ou tout au moins en ne les appliquant pas. Quelques compagnies de garde nationale mobile, organisées comme essai dans le département de la Seine, avaient effrayé par leur peu de gêne le gouvernement impérial. Il s'empressa d'y renoncer, saisissant ainsi l'occasion de faire de la politique habile, c'est-à-dire de paraître vouloir mettre un terme aux tracasseries du parti de l'opposition, mais en réalité se débarrassant lui-même de jeunes gens dont la libre allure l'inquiétait.

Avait-on songé, à ce moment, à augmenter par un autre moyen les cadres de l'armée? Je ne le pense pas. Les hommes qui se trouvaient alors au pouvoir, trompés par je ne sais quelle singulière fatalité, ne purent se figurer qu'en jetant sur le Rhin une armée de 200,000 hommes, il fût possible de les empêcher de marcher droit à Berlin. L'Empereur, du reste, avait, sur l'organisation de l'armée prussienne, des renseignements que personne ne s'avisait de mettre en doute, puisqu'ils étaient fournis par lui. Il faut à chacun sa part de responsabilité, et celle de l'homme de Sedan doit lui rester tout entière. Éclairée par les rapports de l'attaché militaire à l'ambassade de Berlin, par les lettres du général Ducrot sur les menées du parti protestant en Alsace, menées soudoyées par la Prusse, l'administration de la guerre dut certainement s'émouvoir en présence de pareils dangers. Mais pouvait-on lutter contre l'aveuglement de Napoléon III, qui, à chaque demande d'augmentation des cadres soumise par le ministre, répondait que l'on n'avait rien à craindre d'une armée allemande qui n'existait que sur le papier, et que nous étions en forces plus que suffisantes avec 300,000 hommes sous les armes.

Le maréchal Le Bœuf, déclarant à la Chambre que tout était prêt pour la guerre, avait raison, et on ne peut le mettre en doute. Oui, on était prêt, mais pour une guerre comme vous la compreniez, pour une lutte de 100,000 contre 100,000 ; les hommes étaient habillés, armés, cela est vrai, je l'avoue. Vous ne pouviez faire davantage, puisque vous ne saviez pas que vous vous trouveriez en face de 600,000 hommes ; puisque vous ignoriez entièrement que l'armée allemande était quadruple de la vôtre ; puisque vous n'aviez pas voulu voir que la guerre de 1866 s'était faite par des moyens nouveaux, l'emploi des grandes masses, moyen de victoire qui vous était totalement inconnu, car vous n'aviez jamais étudié cette campagne qui seule eût pu vous éclairer, et je vous le démontrerai par la suite.

Ce qui vient à l'appui de ce que j'avance, c'est la naïve confiance que vous avez manifestée en vous-mêmes jusqu'aux premiers revers. L'Empereur est commandant en chef, vous vous réservez le rôle de major général ; nains, vous singiez des géants ! Napoléon III remplaçant Napoléon Ier, le maréchal Le Bœuf succédant à Berthier ! Je me plais à constater que vos talents militaires étaient supérieurs à ceux de votre chef. Votre réputation était faite depuis la Crimée et la campagne d'Italie, et vous avez montré à l'armée de Bazaine de quoi vous étiez capable lorsqu'on vous

rendait à vos batteries. Mais vous auriez dû comprendre qu'officier d'artillerie, n'ayant jamais dirigé d'opérations générales, vous deviez ne pas sortir de votre
spécialité. L'exemple du général Bertrand, sous le
premier Empire, aurait dû vous servir d'avertissement.
Vous n'avez rien voulu entendre, aucune récrimina-
tion, aucun conseil : la nation, justement indignée,
vous a accusé de trahison ; aujourd'hui, plus éclairée,
elle demande votre mise en accusation : elle a le droit
de vous juger, et ce droit qu'elle a acquis au prix du
sang de ses enfants inutilement versé, il est de votre
devoir de le reconnaître sans faiblesse. Les blessures
que vous avez reçues pour elle sur les champs de
bataille pendant une carrière de trente années sont les
seules circonstances atténuantes que vous ayez à faire
valoir. Heureux si vous eussiez succombé ! La patrie
généreuse aurait peut-être accepté le sacrifice de votre
vie comme une expiation suffisante de vos fautes !

Quant à l'homme qui nous a jetés follement dans ce
gouffre, d'où nous nous relevons chaque jour avec
peine, celui-là sa cause est jugée depuis longtemps.
Si dans la fastueuse résidence qu'il s'est ménagée à
nos dépens, il espère revoir cette France que, durant
vingt ans, il a livrée à la prostitution pour qu'elle ou-
bliât qu'il était à sa tête, dites-lui bien qu'avant
d'y rentrer il lui faudra passer sur le ventre aux
80,000 hommes abandonnés par lui à Sedan en fumant
sa cigarette, sur les cadavres de leurs frères d'armes
tombés là pour sa cause !

Le seul auteur de nos défaites, c'est lui, lui, toujours

lui. Pendant vingt ans de domination absolue, il s'est appliqué à tuer, dans l'armée française, l'intelligence. Les officiers reconnus les plus capables entre tous n'avaient pas d'avancement s'ils ne faisaient profession d'un attachement sans bornes à la dynastie impériale : d'autres ne pouvaient entrer dans l'état-major, parce qu'ils n'avaient pas eu la chance de naître avec un titre et une fortune leur permettant de figurer brillamment dans un salon. Qui dira le nombre de ceux qui se sont vus forcés de renoncer à leurs études parce qu'il n'était pas possible de se faire apprécier par ses chefs, si l'on n'était présent à l'heure de l'absinthe ou aux soirées de la division !

L'officier travailleur était montré au doigt par ses camarades comme un phénomène inconnu de nos jours. Il m'a été donné d'entendre ce singulier raisonnement : Quand dans l'armée on veut se livrer à l'étude, il faut entrer dans des corps spéciaux, génie ou artillerie : on n'a pas besoin d'être un savant pour commander une compagnie d'infanterie ou un escadron de cavalerie.

Ces théories, si regrettables parce qu'elles empêchaient les jeunes officiers de continuer des études ébauchées à l'école, semblaient, du reste, avoir quelque raison d'être par l'application de la loi sur l'avancement par ancienneté. On n'ignorait pas que, dans un espace de temps déterminé, on deviendrait lieutenant, capitaine, etc., et cela sans avoir besoin de capacité : c'était une question d'existence, pas davantage. La carrière militaire, si belle autrefois, parce que l'on savait que chaque officier était vraiment digne par son savoir du grade qu'il occupait, avait fini par consister en ceci : avoir un colonel aimable qui ne vous ennuyât pas par trop d'exercices ; rester long-temps dans une ville réputée comme une bonne garnison, par cela seul qu'on y trouvait abondamment et femmes faciles et vivres à bon marché; savoir attendre patiemment et dans une tranquille paresse que votre nomination à des fonctions plus élevées paraissant au *Moniteur* vous procure l'occasion d'offrir à dîner à vos camarades. La vie de l'officier se réduisait aux occupations suivantes, et j'exprime un fait patent que tout le monde a vu : se lever à dix heures, prendre l'absinthe, déjeuner, aller au café jusqu'à six heures du soir, dîner et boire la bière jusqu'à onze, fermeture des établissements en province. Je ne parle pas du reste de la nuit.

Et l'on s'étonne d'avoir été battu ! et on voulait avec ce genre d'existence avoir des cadres capables ! Il faut, à mon avis, que la jeunesse française ait reçu du ciel une fameuse dose d'intelligence pour avoir eu, après un tel régime, la force de mourir si dignement.

Quant aux officiers qui s'étaient distingués, soit en Crimée, soit en Italie, soit au Mexique, leurs services n'ont pas été récompensés à leur juste valeur. Plusieurs se sont vus contraints de briser leur épée, leurs idées libérales étant un obstacle à l'avancement qu'ils avaient mérité sur les champs de bataille; d'autres ont dû faire place à des jeunes gens protégés par je ne sais quel imbécile devenu député, et dont leur père avait fait réussir l'élection. Enfin l'on a dit, et bien avant la chute de l'Empire, que la savante conduite d'un cotillon avait souvent valu à l'heureux guide et la graine d'épinards et la croix. Il n'est donc pas étonnant que des officiers supérieurs se soient trouvés très-embarrassés en face de l'ennemi, lorsqu'ils n'avaient pour toutes connaissances stratégiques que celles de plusieurs figures de quadrille auxquelles, du reste, j'aime à le reconnaître, ils avaient consacré de nombreuses études.

Cet annihilement de l'esprit a été la source de nos revers. Il était de toute impossibilité que des officiers, arrivés aux plus hauts grades de l'armée par la durée de leurs services en garnison, aient pu avoir des notions suffisantes de stratégie. Aussi, quand l'heure sonna de mettre au grand jour leurs talents militaires, on fut bien obligé de se convaincre qu'ils n'en avaient aucun. Quelques-uns connaissaient parfaitement la manière de diriger un régiment en bataille, mais aussitôt que le général venait à disparaître et que, par la force des choses, il leur fallait prendre le commandement de quelques mille hommes, ils perdaient la tête et laissaient à l'inspiration d'un chacun le soin de se conduire. Très-peu se sont montrés capables de juger de la bonté d'une position : plusieurs batailles ont été perdues par ce fait que les commandants ne savaient pas apprécier et les forces qui luttaient contre les leurs et les manœuvres de l'ennemi. La tactique inaugurée par l'armée prussienne les déroutait complétement, et quelques cavaliers en vedette ont fait croire souvent qu'on avait affaire à des divisions entières. Des corps d'armée, d'autre part, se sont faits écraser en un instant, sans que l'on se doutât de la présence de l'ennemi. Le défaut de surveillance chez plusieurs de nos officiers supérieurs ne provenait d'aucune autre cause que de leur confiance illimitée dans leurs appréciations personnelles, qui leur faisait oublier que c'était précisément sur leur fol amour-propre que l'adversaire comptait le plus.

II

Parmi les nombreux généraux qui, durant cette guerre, ont été à la tête de forces suffisantes pour changer la tournure défavorable des événements si elles eussent été habilement maniées, aucun ne s'est montré à la hauteur des circonstances. Pendant longtemps, plusieurs qui avaient acquis une certaine renommée ont hésité à encourir la responsabilité du commandement. Il leur était bien permis de douter de leurs moyens, en présence des échecs subis par ceux qu'ils étaient habitués à considérer comme leurs supérieurs en talents statégiques. C'était une opinion parfaitement accréditée dans l'armée, qu'aucun général ne devait être comparé aux Mac-Mahon, aux Bazaine, aux Canrobert, aux La Motterouge, etc., vieux officiers qui, dans une longue carrière, avaient toujours su montrer les qualités d'un courage à toute épreuve et une expérience consommée du champ de bataille. Un fait que personne ne niera, c'est qu'il suffit chez nous d'être le plus audacieux pour faire croire que l'on a le plus de talent. Les nombreuses guerres du second Empire ont donné naissance à une école que j'appellerais, quoique l'expression ne rende pas bien ma pensée, l'école de la mitraille. Un sang-froid continuel en face de la mort, une audace qui ne recule devant rien, une vie précieuse à tous continuellement exposée, l'exemple constant du mépris du danger, tel en est le programme. Cette école, de laquelle nos officiers sont presque tous les admirateurs et les disciples passionnés, nous a valu la perte d'un grand nombre d'hommes restés sans successeurs. Je ne viendrai pas ici jeter un blâme sur cette manière héroïque de comprendre la science de la guerre : lorsqu'on appuie sa manière de voir par le sacrifice de sa vie, le reproche doit disparaître pour faire place à la louange.

Le chef de cette vaillante génération a pu échapper à la mort, et si je me permets de dire que le courage le plus élevé ne suffit pas pour gagner des batailles, c'est que malheureusement lui-même s'est vu forcé de convenir que la savante tactique de M. de Moltke avait pu seule venir à bout de son indomptable énergie. Le maréchal de Mac-Mahon a déployé dans toutes les affaires la bravoure la plus chevaleresque unie au plus grand sang-froid ; toujours il a payé de sa personne comme le dernier des soldats : ses chefs d'état-major sont tombés autour de lui, montrant ainsi combien ils étaient dignes de marcher à ses côtés : la victoire n'a pas répondu à ses efforts, mais s'il n'eût fallu pour l'obtenir que se sacrifier, personne n'était plus digne de ses faveurs.

Je n'ai jamais pu m'expliquer comment, au début de la guerre, une opinion aussi absurde avait pu s'accréditer dans le public que celle de la non-présence sur le champ de bataille de la plupart de nos généraux. Il ne m'a pas encore été donné de voir dans l'histoire militaire d'aucun peuple que jamais hécatombe d'officiers supérieurs pareille à celle de 1870 se soit produite. A chaque bataille perdue, meurt, soit un général de division, soit un général de brigade, et l'on a osé dire et imprimer qu'ils n'y étaient pas présents. Que l'on ait pu douter de leur science, je le comprends ; mais douter de leur courage, allons donc ! Est-ce que les Douai, les Raoult, les Marguerite, les Colson, les Lhéritier, les Legrand ne se sont pas fait tuer intrépidement à la tête de l'armée ? Je voudrais bien savoir en quels lieux ont pu apercevoir les faits de lâcheté par eux avancés ceux qui ont osé jeter pareilles infamies sur le compte de nos officiers. Ce qui prouve d'une façon péremptoire combien de tels bruits étaient calomnieux et mensongers, c'est que personne n'a osé prononcer un nom, citer un champ de bataille où pareil fait se soit produit. Quelques propos tenus par des soldats avinés, quelques paroles en l'air prononcées par des jaloux, ont pu dérouter un instant l'opinion publique : les cadavres des malheureux vaincus ont témoigné suffisamment qu'ils avaient rempli leur devoir jusqu'au bout.

Je suis l'adversaire déclaré de cette manière héroïque de commander. Le général qui a la direction d'une armée doit, autant que cela lui est possible sans forfaire à l'honneur, éviter de se faire tuer. Lui disparu, les chances de victoire disparaissent, et cela se conçoit facilement. Je pose en principe, et mon raisonnement s'appuie sur une étude approfondie de la question, que personne n'est capable de le remplacer sur le terrain. Quatre-vingt-dix-neuf fois sur cent il est de tous le plus distingué, et nul ne peut espérer faire mieux que lui. Au reste, les événements font assez connaître que dans toute bataille où le général en chef a été mis hors de combat, la victoire qui se déclarait pour lui à ce moment est devenue immédiatement douteuse. La nouvelle de la blessure ou de la mort du général en chef jette parmi les troupes la plus grande indécision, et quelquefois les décourage entièrement. A Novi, la mort de Joubert n'a-t-elle pas amené la défaite ? Il faudrait que l'officier, son remplaçant, choisi toujours parce qu'il est le plus vieux en service, fût non-seulement son égal en talents, mais encore qu'il pût succéder instantanément à sa pensée. Cela est évidemment de toute impossibilité. Est-ce que si Bonaparte eût été tué à l'armée d'Égypte, il eût pu être remplacé sur le terrain par le général Menou, le plus ancien divisionnaire ?

Qu'est-il arrivé à Wissembourg après la mort d'Abel Douai? La division, découragée par la défaite, restée sans ordres et sans direction, a été prise ou n'a pu être conservée. Il appartenait à votre école, maréchal de Mac-Mahon ; et je ne rappellerai pas ce qui est advenu à Sedan, lorsque la cruelle blessure que vous aviez reçue en place de la mort que vous cherchiez vous a forcé de résigner le commandement. A Reischoffen, éperdu, fou de douleur de voir vos régiments écrasés, vous saisissez un drapeau et vous jetez au milieu de la mêlée, l'épée à la main. Ce fut un noble dévouement, j'en conviens ; mais en raisonnant froidement, à quoi pareil acte de courage peut-il être utile sur un champ de bataille d'une vaste étendue ? Changera-t-il la défaite en victoire? Cela me paraît douteux. Un régiment, une brigade tout au plus pourront être témoins de votre héroïque audace, et, entraînés par votre exemple, iront se faire tuer comme des lions sans que leur sacrifice change la tournure des affaires.

Les généraux allemands, sans manquer de bravoure, sont, sur le terrain, froids, calculateurs et ne s'exposent jamais. Je ne crois pas me tromper en affirmant que pas un seul de leurs commandants de corps d'armée ait marché volontairement à la mort ou ait été grièvement blessé. Les Werder, les Manteuffel, les Manstein, les Treskow, les de Thann, les deux princes dirigeant en chef les opérations, sont rentrés en Allemagne couverts de gloire, mais non de blessures. Ils savent trop bien qu'ils sont l'esprit de leur armée, qu'ils ne sont arrivés à leur poste qu'à coups d'études, et qu'eux morts, personne ne peut leur succéder, par cette raison que personne n'est plus instruit qu'eux-mêmes. A notre bouillant courage, ils ont opposé leur profonde instruction : l'armée française peut remplacer ses officiers du jour au lendemain, l'armée allemande ne le peut pas. Ils sont, eux, la pensée de cette masse qu'ils sont parvenus à rendre intelligente à coups de discipline, et ils n'ignorent pas que le jour où ils succomberont, ils entraîneront forcément la perte du corps qu'ils commandent. La sauvegarde de leur existence est une des conditions de leur habileté militaire, la mort la plus glorieuse ne saurait leur être comptée comme un mérite de plus. Le génie n'est certainement pas un de leurs apanages. Ce sont des manœuvriers d'habitude, arrivant à produire de grands effets par le choix et l'ensemble du détail. Les aptitudes d'un chacun sont parfaitement établies et connues ; aussi ont-ils tous leur place marquée et, à de rares exceptions près, ils ne désirent pas qu'on les en sorte.

Dans leur système d'organisation, tout est compris, calculé d'avance ; un seul de leurs moyens venant à manquer, ils sont infailliblement perdus. La promptitude de la conception leur fait totalement défaut, et ils ne savent pas se passer de choses qu'ils ont l'habitude d'avoir constamment à leur service. Les généraux connaissent, par une longue pratique des forces placées sous leur commandement, ce qu'ils pourront mettre en ligne un jour de bataille, les régiments sur lesquels

ils devront le plus compter ; ils savent que leur artillerie est bien servie, bien attelée, bien approvisionnée,
que leur cavalerie est parfaitement montée, et l'intendance est obligée de leur donner des preuves palpa-
bles non-seulement de sa capacité quotidienne, mais
encore de ce qu'elle pourra faire dans des circonstances extraordinaires.

Rien de tout cela n'existait chez nous. Les généraux,
placés à la tête des divisions territoriales, ne s'occu-
paient que de la partie administrative. Les trop fré-
quents changements de garnison les empêchaient de
discerner les hommes réellement intelligents et d'apprécier dans quelle mesure ils pouvaient être utiles.
Enfin rien ne concordait : une rivalité inexplicable a
toujours existé en France entre les corps d'infanterie
et de cavalerie : on évitait leur fréquentation, et ni les
hommes, ni les chevaux n'étaient habitués à la fusil-
lade, au canon, à la vie de campagne. Les régiments
d'artillerie et du génie ont toujours fait bande à part,
et dans les villes où les différentes armes se trouvaient
réunies, jamais manœuvre d'ensemble par brigade ou
division n'a été exécutée. Le service de l'intendance
était absolument distinct : les colonels de régiments
n'avaient pas lieu de se plaindre si les hommes étaient
nourris, logés et habillés convenablement, et l'on doit
reconnaître que l'existence du soldat n'était pas des
plus dures. Le général de division ne pouvait en
même temps exercer un contrôle utile sur les actes
d'un intendant qui était son égal en grade, et signaler, par conséquent, à l'attention du gouvernement,

les réformes à opérer dans cette admininistration.

Les généraux allemands sont loin d'avoir les services en campagnes des généraux français. Les guerres qu'ils avaient dirigées avant celle de France se réduisaient à deux, et cependant ils se sont montrés supérieurs aux nôtres. Il n'y a là rien de bien étonnant : ils ont perfectionné par l'étude les connaissances pratiques qu'ils avaient pu acquérir, pendant qu'en France, toujours parce que l'orgueil est la qualité dominante, « on vivait sur sa renommée », persuadé qu'il suffisait de savoir faire le lendemain ce qu'on avait fait la veille. Personne ne voulait croire que la tactique militaire, suivie depuis la première révolution, pût être changée, et l'on oubliait ainsi que les découvertes récentes en artillerie devaient forcément donner naissance à des théories nouvelles.

Le courage personnel, cette principale force française, auquel on doit nos victoires, ne peut être aujourd'hui utilisé comme autrefois : il faudra bien ne plus autant compter sur cette manœuvre de la baïonnette qui nous a rendus si fameux. Les batailles de nos jours se réduiront très-probablement, dans un temps que l'on peut déterminer, à un duel d'artillerie, où la supériorité restera à celui qui disposera le mieux de pièces ayant la plus grande portée. Le théorème dont les Prussiens nous ont donné la démonstration peut se formuler ainsi : couvrir une étendue de terrain donnée de tant de projectiles que personne ne puisse le traverser. Cette théorie n'est applicable encore que dans une certaine limite, les moyens employés étant insuffisants, mais on finira bien par découvrir des engins qui permettront de la mettre en œuvre avec entière efficacité. Les inventions les plus difficiles paraissent après coup les plus simples, et cependant elles ne sont que le fruit d'études nombreuses et réfléchies.

Aussi voyons-nous que les Allemands ne s'endorment pas sur leurs lauriers ; chaque jour ils s'appliquent à réformer ce que la dernière campagne leur a montré d'un emploi difficile et vicieux. En France, on en est encore à trancher la question des passepoils et des boutons, et pourtant combien s'était-on promis d'appliquer largement à l'armée les réformes devenues nécessaires, et de profiter de la défaite.

Ce n'est pas en continuant à discuter les mérites de nos généraux que l'on arrivera à opérer de salutaires changements, bien au contraire. Les premiers commandants de corps d'armée ne pouvaient pas, avec les ressources à leur disposition, empêcher la défaite : ils ont exécuté des manœuvres qui leur étaient imposées par l'ignorance. Les débats des conseils de guerre tenus au début de la campagne n'ont pas été divulgués : il est cependant bien permis de soupçonner que l'on s'est laissé forcer la main, et que l'initiative des chefs a dû s'abaisser devant la volonté souveraine formellement - exprimée. Les opérations ultérieures font apercevoir clairement que les opinions de tous n'étaient pas les mêmes. L'éloignement des corps d'armée, éloignement qui les empêchait de se soutenir entre eux en cas d'attaque, démontre combien peu étaient au courant de la tactique allemande les officiers dont l'avis a prévalu. Les défaites de Wissembourg, de Forbach, de Reischoffen, sont dues à cette immense faute qu'aucun des commandants dont le corps n'était pas en ligne n'a pu arriver à temps pour secourir celui qui était engagé. Les divisions échelonnées à une trop grande distance l'une de l'autre ont été successivement écrasées. En résumé, l'ensemble a manqué aux premières opérations, et l'on a pu espérer un instant voir changer la tournure des événements, lorsque les troupes ont été réunies sous le commandement du maréchal Bazaine. Ce dernier fait me paraît prouver la vérité de ce que j'ai avancé plus haut : le maréchal avait certainement soutenu au conseil la théorie de l'agglomération de l'armée en une seule masse agissant par l'inspiration d'un seul. Il n'était pas encore trop tard pour se relever, et les batailles de Rézonville, de Gravelotte et de Saint-Privat ont fait voir à tous la puissance et la force de notre première armée lorsqu'elle s'est trouvée en bonnes mains.

Le plus grand reproche à faire à nos généraux, c'est de n'avoir pas été au courant de la tactique prussienne. Il était de toute évidence, si l'on s'était donné la peine d'étudier, que leur vieille expérience était totalement insuffisante. Ils ne possédaient pas l'habitude de la grande guerre, et pour suppléer à ce défaut, il eût fallu qu'ils aient sous leurs ordres un état-major instruit, à la hauteur des connaissances nouvelles en stratégie. Pour quelle raison n'avait-on pas suivi sur les lieux d'abord la guerre d'Amérique, ensuite celle de 1866 ? On avait vu nos voisins détacher auprès des nations combattantes leurs officiers les plus intelligents, afin qu'ils arrivassent à élaborer une tactique, ayant pour base des précédents indiscutables. Rien de semblable n'a eu lieu chez nous, où l'on se croyait bien au-dessus de ces avocats improvisés généraux, tels que les Grant, les Lee, les Beauregard, ou encore de ces guerroyeurs de cabinet, appelés de Roon, de Moltke, etc. Personne n'a signalé l'infériorité de notre artillerie, infériorité qui n'aurait pas échappé à une étude approfondie, et provenant non de la qualité des hommes, mais du calibre et de la portée des pièces. Il existait cependant en France des officiers assez instruits pour juger de ce défaut, et appeler l'attention du ministre de la guerre sur l'urgente nécessité de réformer tout le vieux matériel.

On a cru que le fusil chassepot et la mitrailleuse pourraient suppléer au manque de canons : le chassepot et la mitrailleuse sont deux armes excellentes, il est vrai, mais d'une portée limitée à deux mille mètres. Si vous ne parvenez pas à couvrir en bataille les hommes qui s'en servent contre les obus qui les tuent à quatre kilomètres, où sera leur avantage ? Les seules pièces qui aient pu lutter avec effet contre les batteries prussiennes, sont celles de 12, qui n'existaient qu'en très-petit nombre dans la première armée. Vous avez forcé vos commandants à ajouter foi à votre supériorité d'armement : personne ne s'est trouvé autour d'eux pour les éclairer sur l'insuffisance de ces moyens, et ils n'ont pu, en face de théories nouvelles, qu'appliquer des connaissances de vieux praticiens.

J'ai dit plus haut combien ces connaissances étaient insuffisantes, je m'explique. Dans l'armée française, les officiers supérieurs avaient tous commencé leur carrière en Afrique, ils l'ont continuée en Crimée, en Italie, au Mexique, etc. L'école d'Afrique est excellente pour le soldat, parce qu'elle l'habitue à la vie de campagne ; elle est mauvaise pour l'officier, parce qu'elle l'habitue à ne commander qu'à des forces inférieures. Elle forme des généraux de brigade et de division doués de capacité, mais elle ne peut donner naissance à un général apte à conduire 100,000 hommes en ligne : on a rencontré de très-bons divisionnaires, mais pas un général en chef lorsqu'on a eu besoin de faire appel au cadre de l'état-major de réserve.

Nos officiers supérieurs n'avaient, au début de la guerre, jamais eu à commander 60,000 hommes en bataille ; où donc auraient-ils appris à manœuvrer de grandes masses ? Le camp de Châlons n'était qu'une brillante fantasia, destinée à faire voir à l'Europe que nos soldats étaient pleinement satisfaits du régime impérial. Le siége de Sébastopol n'était qu'un siége, et ne pouvait profiter comme science qu'au génie et à l'artillerie : les batailles de l'Alma et d'Inkermann ont été des luttes de 50,000 contre 50,000, dont l'étude ne modifiait en rien les connaissances acquises en Afrique. La guerre d'Italie seule aurait dû vous servir de leçon, si vous aviez pris garde à la manière dont vous aviez été vainqueurs. Vous êtes arrivés à la victoire uniquement parce que les Autrichiens, protégés par une vieille artillerie inférieure à la vôtre en portée, se sont laissés partout aborder à la baïonnette. L'étude de cette guerre a permis d'apprécier que vos talents stratégiques étaient de peu de consistance. Les Autrichiens vous ont attirés dans des piéges auxquels des hommes instruits ne se seraient pas laissés prendre. Ils ne vous ont livré bataille que sur des terrains étudiés par eux depuis cinquante ans, et vous avez donné grossièrement dans le panneau. Sans la manœuvre de Mac-Mahon à Magenta, vous étiez écrasés ; sans les canons de Le Bœuf à Solférino, vous auriez payé cher votre audace irréfléchie. Vous n'avez donc pas pu apprendre la stratégie dans une guerre où vous n'aviez fait que des fautes, et depuis cette époque vous êtes restés les mêmes, vivant sur une gloire que votre maladresse ne vous eût jamais acquise si vous n'aviez eu derrière vous la *furia francese*, rachetant par son courage votre incroyable infériorité.

La déplorable expédition du Mexique avait permis à un officier, jusque-là resté dans l'ombre, de faire preuve de qualités militaires incontestables. Le maréchal Bazaine, personne ne le niera, est un général habile. Seul il pouvait sauver notre malheureux pays : je ne crois pas qu'il soit coupable de trahison, mais je dis hardiment qu'il est coupable de n'avoir pas employé ses talents comme son devoir de citoyen le lui ordonnait. L'égoïsme étroit, contracté par lui au contact du partisan mexicain, lui a fait croire qu'il pourrait jouer en France le rôle d'Espartero : alors qu'il ne fallait songer qu'à la bataille, la politique lui a fait oublier que l'intérêt de la patrie ne doit pas être sacrifié à ses ambitions personnelles. Si la commission d'enquête reconnaît sa culpabilité, elle doit déclarer hautement la vérité à la nation et tenir énergiquement la main à ce que celui-là subisse un châtiment mérité, qui a osé livrer à l'ennemi 120,000 hommes ne demandant qu'à se battre, alors qu'il lui appartenait, s'il l'avait voulu, de les conduire à la victoire.

Un homme dans notre armée s'était créé une réputation par quelque velléité d'opposition au gouvernement impérial. Le plus jeune de nos officiers supérieurs, parvenu au grade élevé qu'il occupait par un talent militaire qu'il avait réussi à faire croire véritable à tout le monde, d'une confiance illimitée en lui-même, d'un orgueil que les événements n'ont pas abaissé, il était arrivé à préoccuper le public de sa personne en publiant une brochure dans laquelle il exposait les vices de notre organisation militaire. Le général Trochu pouvait certainement accomplir de grandes choses ; qu'a-t-il produit ? Rien. La population parisienne qui l'avait acclamé à son début n'a plus pour lui aujourd'hui que le blâme le plus unanime. Lorsqu'on se dit supérieur à tous, il ne suffit pas de le crier par-dessus les toits, il faut encore le prouver quand on est mis en mesure de le faire.

J'aime à penser toutefois, en faveur du malheureux général, que l'influence trop grande prise sur lui par le

Gouvernement de la Défense nationale a été la seule cause de son immobilité. Gouverneur de Paris, agissant par lui-même, encourant seul la responsabilité des événements, peut-être eût-il tenu ses promesses ?

On a dit, depuis le siége, qu'après l'émeute du 31 octobre, les troupes régulières et la garde mobile n'avaient plus été occupées qu'à la surveillance de la garde nationale. Si le fait est exact, il est évident que le général Trochu ne peut être rendu responsable de mesures prises par un gouvernement ne s'occupant que de police intérieure et des moyens de se conserver au pouvoir pendant que l'ennemi bombardait la ville. L'avenir seul pourra nous éclairer sur la vérité de ces allégations : déjà, à l'occasion de la cérémonie funèbre du Bourget, le général de Bellemare a fait entendre des paroles qui semblent devoir donner raison aux légitimes suspicions des combattants de cette funeste journée.

J'ai apporté dans l'étude du caractère des trois personnages sur les capacités desquels la France a le plus compté, parmi les généraux légués par le second Empire, la plus grande impartialité. En entreprenant ce travail, auquel j'ai donné pour devise : A chacun ce qui lui appartient, j'ai tenu à ce que tous apprécient mon amour profond de la justice. Je ne sais pas employer l'injure et la calomnie, et il serait à désirer que la plupart de ceux qui déjà ont écrit sur ces matières aient fait moins de personnalités et recherché plus sincèrement la vérité.

Dans cette première partie, je me suis seulement

occupé de la période impériale ; je passe maintenant à l'étude de l'œuvre de la délégation de Tours et à l'appréciation des actes de ceux qui, pendant six mois, ont su , en ne s'appuyant que sur leur patriotisme, prouver à l'ennemi qu'il existait encore au sein de cette nation française qu'ils se croyaient autorisés à mépriser des hommes vraiment forts et pouvant leur tenir tête si le pays eût répondu à leur appel.

Quatre généraux se sont particulièrement distingués dans le commandement des armées créées par le Gouvernement de la Défense nationale, ce sont : MM. d'Aurelles de Paladines, Bourbaki, Faidherbe et Chanzy. Les deux premiers passaient pour des officiers d'un mérite incontestable ; le général Faidherbe avait pour lui une grande réputation d'administrateur intelligent ; Chanzy, connu et apprécié dans l'armée, n'était pas encore parvenu à se signaler à l'attention du public.

De ces quatre hommes, un seul a eu en main un instant le salut de la France : il n'est aujourd'hui douteux pour personne que la victoire de Coulmiers devait avoir des conséquences énormes si l'hésitation du chef, qu'il explique par le mauvais état des routes, avait permis de marcher en avant. Cette hésitation qui semble encore incompréhensible n'est cependant pas difficile à comprendre, si l'on veut bien considérer et l'âge du général et ses états de service. M. d'Aurelles de Paladines appartient à la vieille école: habitué à faire la guerre et à voir gagner des batailles avec des troupes expérimentées, il a douté qu'avec la jeune armée qu'il dirigeait il fût possible d'obtenir de grands résultats.

La victoire de Coulmiers le surprit autant et peut-être plus que tout le monde, et il fut étonné du sang-froid montré au feu dans cette affaire par des hommes qui, la veille encore, étaient entourés des soins de leurs familles. Deux qualités lui ont fait défaut : l'audace, et surtout la confiance. L'audace est difficile à rencontrer chez les vieillards ; quant à la confiance, c'est le privilége de la jeunesse. La bataille de Coulmiers n'a pu être livrée par lui qu'après de nombreuses tergiversations : ses rapports au ministère de la guerre en font foi. Je sais bien qu'il eût voulu que les forces sous ses ordres fussent parfaitement équipées, armées et qu'elles ne l'étaient pas. L'instruction des troupes, ainsi du reste que celles des officiers, était insuffisante ; leur habillement se composait de lambeaux ; les vivres étaient mal assurés ; mais on venait de faire une expérience décisive, démontrant clairement que, même dans cet état d'imperfection, les hommes étaient dévoués et savaient tenir en ligne.

Où il s'est montré supérieur, c'est dans l'organisation qu'il a donnée aux corps placés sous son commandement ; ne reculant pas devant des sévérités nécessaires, il a imposé aux nouvelles levées la discipline qui leur était inconnue, et c'est grâce à l'emploi de punitions légitimes qu'il est arrivé à leur donner de la cohésion. Les 15e et 16e corps ont été créés par lui en face de l'ennemi, et ce n'est certainement pas une des moindres preuves de son habileté.

Partisan d'une discipline énergique, de la soumission la plus absolue aux ordres des chefs, il est parvenu en peu de temps à fonder une armée qui, si elle ne brillait pas par le luxe de l'équipement, était fière des oripeaux dont elle était couverte, et a su montrer plus tard à l'ennemi qu'elle était à même de soutenir la lutte dignement.

Les conséquences de Coulmiers n'ont pas été ce qu'elles devaient être, par suite de l'arrêt imposé aux troupes. Les chemins étaient mauvais, défoncés par les pluies ; l'artillerie ne manœuvrait qu'à attelage double ; les convois gênaient la marche : cela est vrai. Mais cinq ou six jours après, les mêmes embarras n'existaient plus ; les routes étaient très-praticables à l'artillerie, celle surtout d'Orléans, à Paris qui est entièrement pavée. Pourquoi donc n'avoir pas avancé ? pourquoi avoir attendu l'arrivée de Frédéric-Charles ? L'audace a complétement manqué ; le général d'Aurelles n'avait pas foi en son armée, même après la victoire. On blâmera peut-être ma manière de voir, mais je dis qu'à de jeunes troupes il faut un jeune chef. Qu'il n'ait pas les connaissances d'une longue pratique, peu m'importe, les divisionnaires placés sous ses ordres les auront pour lui : mais ce qu'il aura, c'est la confiance, c'est l'enthousiasme, qui trop souvent sont des défauts, mais qui étaient des qualités à ce moment-là. Si la réussite eût couronné ses efforts, il se serait trouvé assez d'hommes plus tard pour lui démontrer qu'on ne pouvait tenir une autre conduite que la sienne, et applaudir sa témérité.

2.

Si l'armée de la Loire se fût mise résolùment à la poursuite des Bavarois, nul doute que les résultats eussent été grands. Il était facile de laisser à Orléans les *impedimenta* ordinaires ; les soldats n'avaient besoin que de trois jours de vivres dans leur sac, et la charge ne les aurait pas accablés. On fut très-étonné dans l'armée de voir qu'on ne marchait pas sur Paris. Chacun se demandait le motif qui retardait la poursuite, et l'on entendait de toute part ce raisonnement assez simple : Comment se fait-il que nous, victorieux, nous ne puissions pas suivre les mêmes voies que l'ennemi en pleine déroute ; notre artillerie pourrait cependant bien passer où l'artillerie bavaroise a su se faire un chemin. Ce sentiment unanime méritait d'être pris en considération : le proverbe dit : *Vox populi vox Dei* ; jamais il n'a été plus vrai.

Le jour où l'on s'est cantonné en avant d'Orléans dans les positions de Gidy, Chevilly, etc., la fortune nous a abandonnés. Même à ce moment-là, et cette première faute commise, on pouvait encore réparer le mal dans une certaine mesure. Le quartier général était informé que les troupes de Frédéric-Charles, n'arrivaient que par petits détachements, qu'il était facile de les surprendre, de les écraser séparément. Aucune évolution dans ce but n'a été ordonnée. On s'est contenté de se fortifier dans les positions occupées à grand renfort d'artillerie de marine amenée sur les lieux. Il a fallu attendre patiemment que l'armée ennemie fût bien agglomérée, eût bien étudié les positions, et alors, le 1er décembre, la lutte s'engageait.

Au lieu de laisser les régiments à l'abri de leurs batteries, on marche en avant. Le 2 décembre, se livre le sanglant combat d'Arthenay, dans lequel les Prussiens subirent des pertes énormes, ce qui fit croire à tous que l'affaire du lendemain serait une victoire sur toute la ligne. Le 3 décembre, les troupes campées dans le village reçoivent avec stupeur l'ordre de la retraite et de regagner leurs cantonnements de l'avant-veille. Les divisions engagées ne pouvaient y croire, et les soldats, dépaysés entièrement, interrogeaient leurs officiers pour savoir d'eux si l'on n'allait pas terminer ce qu'on avait si bien commencé. Toute la journée du 3 la lutte continua, et enfin, le 4 au matin, arriva l'ordre définitif de regagner Orléans. Par une manœuvre habilement exécutée et que le général d'Aurelles ne sut deviner, le prince Frédéric-Charles, rassemblant toutes ses forces en un seul point, écrasait le 15e corps sous la supériorité du nombre, sans que les 18e et 20e corps fussent à même de lui porter secours.

Cette tactique était du reste la même qui avait valu aux généraux allemands leurs premiers succès.

Parvenues à Orléans, les troupes n'avaient pas encore perdu toute confiance et voyaient avec espérance la protection que leur accordaient les fortifications bien armées construites en leur absence. La bataille recommençait, quand on apprend qu'une capitulation venait d'être signée avec l'armée allemande et qu'il fallait abandonner la ville. Ce fut une faute immense : la désorganisation, résultat de la défaite,

avait déjà commencé, mais on.pouvait tenir une nuit
au moins encore et donner ainsi aux hommes disper-
sés le temps de passer les ponts et de se sauver. Les
conséquences de la résistance auraient été fatales à
la ville, mais enfin vous saviez bien que vous l'ex-
posiez à un bombardement en élevant des batteries à
ses portes. Pourquoi n'en aviez-vous pas exigé l'é-
vacuation ? Vous avez évité sa destruction et la mort
d'un grand nombre de ses habitants, mais votre armée
a été perdue : elle était alors la seule de la France,
et la nécessité du salut de la patrie autorisait la ruine
d'une cité. Les crimes de tous genres qu'y ont com-
mis les soldats prussiens ont fait payer assez cher
aux malheureux Orléanais la conservation de leur
vie et de leurs propriétés.

Je me résume, et de l'étude générale de votre commandement, je tire la déduction suivante : Comme
tous les officiers supérieurs de notre armée, vous saviez conduire 50,000 hommes en bataille, mais lorsque vous avez eu sous vos ordres une armée de
230,000 hommes, vous n'avez plus su la diriger. La
retraite d'Arthenay a étonné les Prussiens eux-mêmes :
ils n'ont jamais pu comprendre que vous ayez volontairement abandonné des positions où vous étiez ren-
tré la veille à demi victorieux. J'ai recherché con-
sciencieusement dans vos rapports quel était le but
de ce mouvement, à quelle fin il devait aboutir ; je
suis obligé d'avouer que nulle part je n'en ai découvert
l'explication. Vous possédez les qualités d'un orga-
nisateur puissant, et les services que vous avez rendus

ne doivent pas être méconnus. Vos concitoyens ont espéré consoler votre malheur en vous confiant le mandat de les représenter à l'Assemblée : c'est là une noble réparation des nombreuses calomnies dont on a eu la honte de vous accabler après la défaite.

La déroute de l'armée de la Loire entraîna sa division en deux parties : les 15e, 18e et 20e corps marchèrent sur Vierzon et Bourges, et les 16e et 17° corps prirent la direction de Blois, sous les ordres du général Chanzy, auquel devait s'adjoindre un corps entièrement neuf, le 21e, établi derrière la forêt de Marchenoir. Les deux premiers corps avaient beaucoup souffert des désastres d'Orléans, mais se composaient de troupes vigoureuses. Commandées par un homme dont l'habileté leur était connue et qui avait fait ses preuves dès le début de la campagne, elles purent par leur courageuse attitude tenir un moment en suspens la fortune de la France. Le général Chanzy est un officier intelligent, instruit, connaissant à fond les ressources d'une position et sachant s'y maintenir quand il l'a jugée bonne. D'une ténacité devant laquelle celle du prince Frédéric-Charles a failli s'avouer vaincu, il a mené à bien une retraite qui, sans lui, aurait eu les conséquences les plus désastreuses. Les échecs qu'il a subis ont été des plus glorieux pour nos armes, et dans cette funeste année de guerre, il est le seul général dont on puisse dire qu'il eût fait mieux s'il se fût trouvé dans de meilleures circonstances. Les batailles du Mans ont été perdues par ce fait que son état de santé ne lui a pas permis de diriger en personne les opérations : sa présence sur le terrain de la lutte était une cause de succès, et ses adversaires ont été les premiers à avouer que sa maladie a été leur plus grand auxiliaire.

Les combats de Josne, de Beaugency, de Vendôme coûtèrent aux Prussiens un grand nombre d'hommes, et leur imposèrent le respect de cette armée qu'ils considéraient comme incapable de résistance sérieuse. Ce sera un des plus grands titres de gloire du général en chef d'avoir su, en face d'un adversaire victorieux et n'ayant en main que des troupes affaiblies par la défaite, se retirer comme il le voulait et en donnant à l'ennemi de telles leçons qu'il fut forcé de s'arrêter dans sa poursuite et d'attendre l'arrivée de nombreux renforts pour venir à bout de soldats épuisés par huit jours de bataille consécutifs.

L'armée qui sans contredit a joué le rôle le plus brillant et a su mériter l'estime et la considération que donne toujours la victoire, avait à sa tête un officier de haute capacité. Le général Faidherbe n'était connu avant cette époque que par les nombreux services qu'il avait rendus dans la colonisation et la conquête du Sénégal. Aucun commandement ne lui fut confié sous l'Empire pendant les guerres nombreuses qui eurent lieu : on préférait les donner à ceux dont la fidélité et le dévouement à la dynastie pouvaient être journellement estimés. Éloigné de la France par la nature de ses fonctions de gouverneur, livré à lui-même loin de la mère patrie et responsable des événements qui pouvaient survenir, il apprit à ne compter que sur des ressources insuffisantes et à savoir les mettre en œuvre. Aussi lorsque le ministère de la guerre confia à ses soins cette réunion d'hommes de toute provenance dite armée du Nord, destinée à opérer contre des forces parfaitement organisées, ce choix si judicieux obtint l'assentiment de tous, et on ne douta pas que le général qui en était l'objet ne parvînt à s'en montrer digne. Le nombre limité des troupes à ses ordres ne lui permit pas d'exécuter de grandes opérations, cependant les victoires de Pont-Noyelles et de Bapaume ont fait apprécier qu'il était un de nos hommes de guerre les plus expérimentés et que l'on devait, dans l'avenir, compter sur ses talents militaires.

Un des plans de campagne assurément des mieux combinés, mais qui se produisait trop tard, était celui dont l'exécution fut donnée au général Bourbaki. Vieil officier d'Afrique, populaire dans l'armée par sa bravoure et son sang-froid dans le danger, aimé du soldat pour sa bonté et sa générosité, recommandé par le Gouvernement de Paris comme le seul homme en qui il fallait sérieusement se fier, le général Bourbaki avait en outre un passé militaire des plus éclatants. Les circonstances défavorables au milieu desquelles il s'est trouvé l'ont empêché d'ajouter à sa réputation celle de tacticien émérite. L'expédition de l'Est est loin d'avoir répondu aux conjectures que l'on avait fondées sur la hardiesse de l'entreprise : il eût fallu pour réussir une célérité que l'encombrement des voies ferrées n'a pas permis d'obtenir. Une opération de ce genre aurait dû se terminer dans un laps de temps d'une quinzaine tout au plus, et sa courte durée était une des conditions de sa réussite. Son but ne pouvait être atteint, si des secours parvenaient en temps utile au général de Werder, dont il s'agissait d'écraser les forces pour se frayer un passage : la plus grande promptitude était donc de toute nécessité.

Au lieu de cela on a tâtonné, hésité ; la neige et le froid intense arrêtaient les approvisionnements de l'armée ; les hommes étaient mal vêtus et le long séjour qu'ils avaient fait dans les wagons en avait fatigué un grand nombre. Au reste, on employait une force trop considérable pour qu'on ne fût pas gêné par la quantité de convois voulus pour sa subsistance. Je crois qu'on eût obtenu de meilleurs résultats en ne transportant qu'une armée de 50,000 hommes, bien équipés, alertes, de forte constitution et prêts à commencer l'action aussitôt leur arrivée : il eût été beaucoup plus commode de la renforcer à mesure, et dans les pays montagneux et boisés où l'on était appelé à opérer, il était facile de prévoir dès le principe combien seraient pénibles à surmonter les difficultés matérielles. La qualité inférieure des troupes aurait pu être améliorée par l'éloignement des hommes malingres et souffreteux qui, pendant toute la durée de cette campagne, encombrèrent les routes et gênèrent les mouvements sans pouvoir être utiles par suite de leur faiblesse physique.

Ce plan n'a pas eu l'approbation de beaucoup de juges compétents : on a dit et avec raison que l'abandon des positions de Vierzon et Bourges par une force aussi considérable avait permis au prince Frédéric-Charles de faire appel à tout ce qui se trouvait disponible pour écraser Chanzy, et qu'il ne se serait pas dégarni s'il se fût cru menacé sérieusement dans ses positions de retraite par une armée marchant dans la direction de Blois et d'Orléans. Cette appréciation est certainement des plus plausibles. Les batailles du Mans ont été livrées après le départ de Bourges de l'armée de l'Est, et les affaires eussent probablement pris une autre tournure les forces des Allemands étant divisées.

Le général de Werder n'a été secouru que lorsque l'armée de la Loire n'était plus à redouter, c'est-à-dire vers les 12 ou 13 janvier, et alors que la défaite du Mans était consommée depuis le 11 du même mois. Les Prussiens possédaient du reste toutes les facilités nécessaires pour appuyer leurs corps d'armée ; nous ne pouvions en faire autant, puisque la durée de transport de divisions nouvelles était de deux jours au moins, tandis qu'un seul leur suffisait pour opérer le même mouvement. La plus grande cause d'insuccès a donc été la lenteur apportée dans l'exécution des opérations.

La victoire de Villersexel n'a eu aucune influence sérieuse, puisque nous n'avons pas pu en profiter. L'artillerie ne luttait pas avec avantage contre les batteries de l'ennemi, et la perte de la bataille d'Héricourt est due à l'infériorité de calibre et de portée des pièces engagées.

Ce plan de campagne avait certainement sa raison d'être au début de la guerre, et surtout quand l'armée allemande marchait sur Paris ou cernait Bazaine sous Metz. A cette époque un corps d'armée d'une vingtaine de mille hommes déterminés, agissant sur les derrières de l'ennemi et coupant ses communications, causait de sérieuses entraves à sa marche en avant. Malheureusement aucun effort ne fut tenté, parce que l'on manquait à ce moment de forces organisées et disponibles. Les chances de mener à bien une telle entreprise existaient surtout lorsque Werder se trouvait arrêté par le siége de Strasbourg : l'ennemi fournissait lui-même l'occasion favorable ; mais on n'aurait obtenu un excellent résultat qu'autant qu'on eût possédé sous la main des hommes habitués à une guerre de surprises et d'embuscades. Les divisions anéanties à Wissembourg répondaient pleinement à cet objectif ; elles n'ont pas été suppléées par les troupes qui ont soutenu dans l'Est les premières hostilités. Peu nombreuses, indisciplinées, mal habillées et mal armées, leur constitution ne permettait pas de les faire entrer immédiatement en ligne et de les utiliser dans un but qui demandait pour réussir des soldats habitués de longue main à des marches forcées, exécutées avec une charge de trois ou quatre jours de vivres.

La retraite de l'armée de l'Est, après son échec d'Héricourt, fut des plus difficiles : la neige tombée abondamment gênait la marche, les convois obstruaient les routes sans pouvoir ni avancer ni reculer, les chevaux épuisés de fatigue et de faim mouraient par centaines, les hommes, ne touchant pas de vivres et ne pouvant s'en procurer dans un pays dénué de ressources, se débandaient et jetaient partout la confusion. Quelques divisions seules, commandées par des officiers énergiques, Billot, Cremer, etc., conservèrent un peu d'homogénéité et permirent de se retirer sans grandes pertes. On pouvait encore espérer briser le cercle de fer dans lequel le général de Manteuffel resserrait chaque jour les Français, lorsque arriva la nouvelle de la capitulation de Paris et de l'armistice conclu le 29 janvier.

Le ministère de la guerre, avisé par la dépêche trop laconique de M. Jules Favre, crut de son devoir de prescrire la suspension des hostilités. Le général Clinchant, successeur de Bourbaki après son suicide, entra immédiatement en pourparlers avec M. de Manteuffel, ne comprenant pas la cause du non ralentissement des mouvements ennemis. Il lui fut signifié que la convention d'armistice ne s'appliquait pas à l'armée de l'Est; et comme il était trop tard pour remédier à l'arrêt imposé aux troupes, l'ordre d'entrer en Suisse fut donné. La responsabilité de tels événements doit retomber en entier sur le ministre signataire : M. Jules Favre avait certainement le droit de traiter de la reddition de Paris, mais il n'avait pas celui de s'engager pour des armées dont les positions lui étaient inconnues ; c'est là une faute capitale, dont l'histoire lui demandera un compte sévère.

L'homme malheureux qui a dirigé cette campagne avec tant de bravoure. n'a pas été à même de montrer ce dont il était capable : il a lutté constamment contre des circonstances devant lesquelles l'énergie et la volonté humaines sont forcées de s'incliner ; s'il n'a pas répondu entièrement à ce qu'on attendait de lui, c'est que ni le patriotisme le plus élevé, ni le courage le plus remarquable ne peuvent fléchir les inflexibles arrêts de la destinée.

L'examen général des faits me conduit à cette opinion dernière : nous avons été vaincus, parce que les opérations ont été mal conduites au commencement, que l'armement était inférieur et les forces mises en ligne trop peu nombreuses ; que lorsqu'on est parvenu à lutter à nombre égal, les troupes étaient trop peu expérimentées et manquaient de bons officiers. L'organisation des cadres étant très-défectueuse, composés presque exclusivement d'anciens sous-officiers ou de gens qui n'avaient sollicité des grades que pour parader dans les garnisons, il arriva qu'au moment de l'action un. grand nombre manqua d'énergie et ne désira que se retirer. Les officiers supérieurs, commandants de régiments, appartenaient presque tous à des armes spéciales, ou n'avaient jamais occupé que des grades inférieurs dans l'armée. Leur capacité très-limitée ne put apporter un utile concours : rentrés depuis longtemps dans la vie privée, ayant contracté des habitudes de repos, ils ne possédaient plus les qualités nécessaires à un chef de corps en campagne. La

santé, la vigueur, le coup d'œil, leur faisaient totalement défaut ; accablés pour la plupart d'infirmités et
de blessures, leur état physique ne répondit pas aux
espérances qu'ils avaient conçues sur la force de leur
volonté.

Ce sera en grand étonnement pour ceux qui plus
tard étudieront notre histoire, de voir que de toute
cette jeunesse française appelée à la défense de
la patrie, il n'est pas sorti un bon officier. Vous vou-
liez imiter l'exemple de la première République, et
vous n'avez pas osé le faire : vous avez eu peur de
créer des généraux trop jeunes, et pour quel motif?
Est-ce que nos plus grands succès n'ont pas été ob-
tenus par de jeunes généraux ? Est-ce que les Mar-
ceau, les Hoche, les Kléber, les Bonaparte, les Joubert, les Desaix, qui étonnèrent le monde, étaient de
vieux praticiens ? Je maintiens donc la manière de voir
que j'ai précédemment émise, et, en présence des
malheureux résultats de cette fatale campagne, je ne
crains pas de proclamer que nos moyens n'ont pas
été utilisés comme ils pouvaient l'être, parce que vous
n'avez suivi que les vieux errements.

Vous-même l'avez reconnu dans un ouvrage
qu'il ne m'appartient pas de juger ici : « Si nous
« avions été moins timides, dites-vous, moins respec-
« tueux de certaines convenances militaires, le sort
« de la guerre aurait peut-être changé. Si nous avions
« moins redouté, dans ce pays où la spécialité possède
« un prestige traditionnel, de passer outre à certaines
« taines objections, moins hésité à effectuer cer-

« tains remplacements, peut-être la France n'aurait-
« elle pas subi ses défaites?

Ces remplacements que la situation vous indiquait comme une nécessité absolue, il était de votre devoir d'y procéder, même après la victoire. A ce moment, des officiers généraux s'étaient déjà signalés à votre attention : les Chanzy, les Borel, les Billot vous mettaient à même, par les services rendus, de les imposer à l'opinion publique, dont l'appréciation ne devait pas être prise en considération dans des circonstances d'une si haute gravité. Luttant avec des forces créées et organisées par vous, ayant en main un pouvoir illimité, il vous appartenait d'appeler à leur commandement ceux que vous jugiez les plus capables. L'intérêt public vous y autorisait entièrement; il fallait sauver la France, même malgré elle, et vous y seriez parvenus, en mettant en pratique la farouche devise de Danton : De l'audace, encore de l'audace, et toujours de l'audace!

<hr>

III

L'intelligence, la vivacité de l'esprit, la prompte compréhension de l'inconnu, forment le fond du caractère français et n'ont besoin, pour être amenés à l'état de qualités réelles et indiscutables, que du perfectionnement acquis par l'étude. L'instruction du soldat doit donc entrer en première ligne dans les réformes à introduire dans l'armée, et il faut, sans tarder, que l'on s'applique à créer des écoles régimentaires sérieuses. 45 0/0 des hommes appelés sous les drapeaux ne savent ni lire ni écrire, et leur intelligence reste stationnaire par suite du manque de ces connaissances premières. Plusieurs des individus incorporés sont parvenus à se frayer un chemin en acquérant quelques notions passagères, et, arrivés au grade de sous-lieutenant, n'ont pas du tout songé qu'il leur importait d'étudier encore plus que par le passé. Vivant dans un milieu d'une certaine éducation, ils ont pu devenir ce qu'on appelle des gens bien élevés, mais ils ne sont pas devenus instruits, au contraire. Voyant leurs supérieurs ou leurs égaux se contenter d'une instruction théorique limitée, ils ont cru devoir suivre leur exemple, persuadés qu'à force de temps ils obtiendraient les mêmes avantages.

C'est là un vice inhérent au système de la loi sur l'avancement par ancienneté, qu'il est nécessaire de supprimer à bref délai, et de remplacer par des concours qui permettraient d'apprécier les progrès de chacun, et de ne donner des grades qu'à ceux-là seuls qui montreraient des aptitudes suffisantes.

Pour que la lutte fût des plus méritoires, l'élément civil pourrait être appelé à concourir, et la difficulté des questions soumises amènerait l'élimination du trop grand nombre de candidats. A chaque grade nouveau, un examen nouveau, présidé toujours par des officiers d'une haute instruction, le civil qui y prendrait part devrait chaque fois répondre à une question de théorie ordinaire, et payerait un certain droit de diplôme qui suffirait largement aux frais de tels dérangements. Ces officiers n'occuperaient pas une situation active, ils auraient seulement un titre légitimement gagné, qui permettrait de remplacer sur-le-champ, en cas de guerre, ceux qui succomberaient ou seraient mis hors de combat. Appelés à l'activité, ils toucheraient des appointements, mais ne sauraient dans aucun cas y avoir droit hors du service. Des conditions de durée de temps de grade devraient être strictement imposées : ainsi, le sous-lieutenant ne pourrait concourir pour le grade de lieutenant sans avoir deux ans de pratique ; le lieutenant, pour celui de capitaine, sans un intervalle de trois ans au moins, ainsi de suite.

Ce concours ne saurait être le même pour les officiers supérieurs, à partir de chef de bataillon ou d'escadron. Des manœuvres sur le terrain devraient être exigées et s'exécuter sous les yeux d'examinateurs sévères. L'aspirant colonel aurait à satisfaire à des examens renouvelés sur les théories du service en campagne et l'organisation des régiments. Le général de brigade n'obtiendrait la confirmation de son grade qu'autant qu'il aurait fait preuve de talents indiscutables dans toutes les parties se rattachant au commandement de forces un peu considérables et au maniement de troupes de différentes armes. Quant aux divisionnaires ou aux chefs de corps, l'établissement de grands camps régionaux, contenant une soixantaine de mille hommes chacun, permettrait de constater si leurs talents sont remarquables et si le commandement est en bonnes mains. De grandes évolutions par corps d'armée, des manœuvres en grand exécutées par masses, l'application enfin sur le terrain des plans par eux conçus dans le silence du cabinet, laisseraient facilement apprécier la consistance de leurs capacités stratégiques.

Je sais bien que de telles mesures entraîneraient un travail constant, pénible et devant lequel un grand nombre reculerait, mais enfin dans toutes les professions le travail est exigé, pourquoi n'en serait-il pas de même dans celle des armes ?

La science stratégique est une des plus difficiles à acquérir, parce qu'elle est des plus variées : telle manœuvre exécutée dans certains lieux serait excellente qui dans beaucoup d'autres serait mauvaise ; il faut donc qu'un général en chef ait la pratique de toutes et pour cela qu'il soit parfaitement au courant de la guerre de montagnes, de plaines, de pays boisés et accidentés, du service des reconnaissances, et surtout qu'il sache discerner les opérations et les positions de l'ennemi, apprécier les forces qui lui sont opposées et les mouvements qu'elles exécutent contre les siennes.

Une étude et une pratique incessantes sont donc exigibles de la part de ceux qui aspirent aux plus hauts grades, et ce n'est pas dans les loisirs des garnisons qu'ils pourront sérieusement se mettre à l'œuvre. La plupart des généraux à qui était confiée la direction des anciennes divisions territoriales considéraient cette position comme la fin de leur carrière, et ne se préoccupaient pas outre mesure des changements à effectuer dans l'état d'une armée qu'ils quitteraient bientôt pour rentrer dans le cadre de réserve. Ils avaient fait, en tant que services militaires, tout ce qu'il importait d'accomplir pour arriver à une haute situation, et pas une voix n'aurait pu s'élever pour réclamer d'eux autre chose que de vivre sur un passé brillant. Les actions éclatantes que comptaient à leur avoir les officiers placés sous leurs ordres leur paraissaient être tout ce que l'on pouvait désirer d'eux, et leur appréciation se basait sur l'estime qu'ils savaient avoir conquise par les mêmes vertus. Aussi les nombreux défauts, manque d'instruction, de travail, de notre armée disparaissaient-ils à la vue des décorations témoignant que les hommes sur les poitrines desquels elles brillaient avaient assisté à maintes affaires terminées par le succès, et l'on se contentait de croire que leur science stratégique s'était certainement développée au milieu des expériences auxquelles ils avaient pris une large part.

L'armée prussienne est la première du monde par son savoir : tous ses officiers possèdent une instruction supérieure. Les jeunes gens gradés, appartenant tous à la noblesse ou à la riche bourgeoisie, ont, grâce à leur fortune personnelle, acquis de brillantes connaissances qu'ils sont forcés de compléter chaque jour s'ils veulent arriver à des situations plus élevées. Les avantages offerts aux travailleurs sont nombreux, aussi cherchent-ils tous à les obtenir.

Il serait à désirer qu'un pareil usage fût suivi chez

nous. Trop souvent il advient que les plus admirés de nos officiers sont ceux qui ont gagné l'épaulette à force d'actions remarquables surtout par leur audace. Celui qui ne fait pas campagne, qui se contente de préparer les manœuvres, de les étudier, d'émettre des théories, reste longtemps sans avancement. Les employés au ministère de la guerre obtiennent difficilement des postes plus élevés que ceux qu'ils occupent : excellents serviteurs, on évite de les sortir de leurs fonctions parce qu'on craint de ne pouvoir les remplacer. S'ils rentrent à l'activité, on a très-peu de confiance en leur mérite, on les considère comme des êtres hybrides, n'appartenant ni au civil ni à l'armée, et l'on se demande pourquoi ces hommes d'affaires ne sont pas restés à leur bureau. Ils voient se liguer contre eux, dès leur arrivée au corps, les officiers de fortune, qui ne veulent pas comprendre qu'on peut leur être supérieur sans avoir assisté à autant de combats qu'eux ou avoir reçu le même nombre de blessures.

Un antagonisme sérieux s'est élevé entre les officiers des premières armées livrées à Sedan et à Metz, et ceux des armées de Paris, de la Loire, du Nord et de l'Est. Les premiers reprochent aux derniers un avancement trop rapide, trop de jeunesse et par conséquent pas assez de temps de service ; il est pénible pour les anciens, dont la carrière a été retardée par suite de leur situation de prisonniers, de se voir commander par des hommes de beaucoup leurs subalternes au début de la guerre. Cette hostilité, qui dans les garnisons donne lieu à des témoignages évidents de non-satisfaction, occasionne des duels nombreux qui, en définitive, ne prouvent absolument rien. Si les vieux officiers se croient supérieurs aux jeunes, ce n'est pas par l'abus d'un pareil usage qu'ils arriveront à le démontrer, mais bien en s'adonnant constamment à faire valoir dans leur service les mérites dont ils jugent être doués à une plus haute dose que les autres. L'emploi de ce moyen serait évidemment des plus profitables, non-seulement aux soldats qu'ils commandent, mais encore à eux-mêmes, parce qu'il les pousserait à rechercher les améliorations praticables, en un mot à faire produire à leurs hommes tout ce dont ils sont susceptibles.

Les uns s'appliqueraient à ce que l'instruction fût profonde, l'école du soldat parfaitement acquise, exigeraient une complète rectitude de manœuvres, une tenue des plus sévères, une entente des plus sérieuses du maniement des armes, et parviendraient ainsi à former des compagnies modèles qui serviraient de preuve évidente de leur savoir-faire. Les autres donneraient toute leur attention à la création d'excellents tireurs, à des enseignements sur la portée de l'arme, à l'appréciation des distances de tir, science éminemment nécessaire en bataille, où tant d'hommes mal exercés brûlent énormément de cartouches à des portées impossibles. Avec la rapidité de chargement des armes modernes, on ne parviendra à suffire aux besoins d'approvisionnements et à diminuer le fardeau du soldat qu'autant qu'une pratique savante leur apprendra à se modérer et à connaître exactement dans quelles limites sont efficaces les armes dont ils font usage.

Cette manifestation quotidienne de leurs talents vaudrait assurément mieux que la naïve confiance dans laquelle ils vivaient autrefois. Les inspections générales ne produisaient aucun effet et avaient fini par n'avoir d'autre but que celui de donner de la solennité à la distribution des récompenses. Les généraux qui en étaient chargés n'avaient pas le temps d'approfondir la valeur des propositions soumises à leur visa par les colonels, et l'influence toujours bien accueillie de personnages étrangers à l'armée paralysait souvent le bon vouloir et le choix judicieux de ces derniers.

Les faciles plaisirs d'une existence de garnison faisaient oublier les besoins du service et on se persuadait qu'on n'avait plus rien à faire, l'instruction théorique des recrues terminée. Les sous-officiers les plus intelligents pratiquaient le même système et, dégoûtés du métier par un régime abrutissant, s'empressaient, l'occasion se présentant, de quitter un état dans lequel on n'avait de chances d'arriver qu'en attendant son tour, c'est-à-dire après quatorze ou quinze ans d'exercice, et alors que les qualités afférentes à la jeunesse avaient totalement disparu, ou qu'on avait oublié à la cantine les connaissances sur lesquelles on comptait le plus pour faire son chemin.

En campagne, les plus vieux soldats ne sont pas les meilleurs : ils excellent, il est vrai, dans la tâche ordinaire, faire la soupe, le café, se servir de tout ce qui leur tombe sous la main, poser des boutons manquants, raccommoder quelques déchirures, etc.; mais ils résistent difficilement aux marches forcées, manquent d'ardeur dans la mêlée et quelquefois sont les premiers à s'indiscipliner. Ils ont, en outre, contracté des habitudes d'ébriété et d'immoralité d'un fâcheux exemple pour les jeunes, qui se laissent entraîner malgré eux à des désordres auxquels les poussent les privations subies, et ils ne s'y abandonneraient pas s'ils ne vivaient pas dans ce milieu.

La durée du service ordinaire pendant la paix devrait être de trois ans dans l'infanterie, avec suppression complète des engagements renouvelables. Ce temps expiré, les hommes seraient inscrits sur les contrôles de la garde mobile, dont ils feraient partie jusqu'à la fin de leur vingt-huitième année. Cette immixtion donnerait naissance à une force redoutable, d'une instruction fort supérieure à celle que possèdent les régiments actuels de garde mobile, qui ont dû apprendre leur théorie en face de l'ennemi et à qui la pratique fait entièrement défaut, par l'excellente raison que leurs instructeurs avaient eux-mêmes grand besoin d'être instruits. Les sous-officiers, sortant de l'armée active après leur congé, fourniraient à la mobile non-seulement des cadres excellents, mais encore pourraient être appelés à remplacer quelquesuns des officiers dont les capacités n'ont pas été reconnues suffisantes, et trouveraient dans ces postes une récompense des efforts faits par eux pour obtenir une sous-lieutenance dans l'armée. Ils devraient cependant être soumis à de nouvelles épreuves, destinées à justifier les espérances conçues sur leur savoir. C'est ainsi que l'on parviendrait à jeter les bases d'une réorganisation solide d'une réserve dont les cadres ont malheureusement fait preuve d'une grande inhabileté, par suite de nominations faites à l'aventure ou accordées à la protection.

Toutefois il serait important d'avoir le nombre en même temps que l'instruction : la guerre d'aujourd'hui nécessite la mise sur pied de forces énormes, et les lois actuellement en vigueur devront être remplacées par de nouvelles autorisant la levée d'une masse d'hommes plus considérable que par le passé. L'organisation actuelle me semble cependant devoir être conservée, parce qu'elle permet d'arriver facilement au but que l'on se propose d'atteindre. Pour être à même de lutter avec avantage, trois conditions sont impérieusement réclamées : 1° une infanterie nombreuse ; 2° une réforme et une augmentation notable de l'artillerie; 3° une cavalerie légère très-bien montée et en proportion de l'infanterie.

Le numéro des régiments de ligne devrait être porté à 150, à 3,000 hommes d'effectif chaque, ce qui donnerait un total de 450,000. A tout numéro correspondrait un numéro de garde nationale mobile de même effectif, ce qui constituerait immédiatement un total général de 900,000 fantassins. Les bataillons ou régiments désignés sous le nom de régiments d'élite, tels que zouaves, chasseurs à pied, turcos, etc., seraient supprimés, et on éviterait ainsi la multiplicité des costumes qui souvent a occasionné en bataille de graves erreurs. Ces corps ne répondent plus à l'objet de leur création : armés autrefois d'armes spéciales, leur coopération était certainement très-avantageuse, mais aujourd'hui que le fusil chassepot est le seul dont on se sert dans toute l'armée, leur maintien ne saurait être plus longtemps discuté. Au reste, l'entretien de telles troupes est plus coûteux que celui des régiments ordinaires ; c'est là, il me semble, un point digne d'entrer en considération, à une époque où l'on ne parle que d'économies à réaliser.

La suppression du pantalon rouge, destiné à être remplacé par un de couleur plus terne, paraît être définitivement décidée ; mais je crois à propos d'appeler l'attention des réformateurs sur l'inconvénient de l'emploi des canons de fusil non bronzés : ce défaut est aussi facile à écarter que celui du pantalon et n'entraînerait pas une forte dépense. La lumière se réfléchissant sur les armes fournit un but assuré aux artilleurs ennemis, et la nuit les sentinelles se distinguent aisément grâce aux mêmes reflets. Cette mesure, du reste, permettrait de tenir le fusil en meilleur état, la rosée ou la pluie ne rouillant pas les armes revêtues de cet enduit. L'extinction des feux de campement, soigneusement recommandée à la tombée de la nuit, n'est pas toujours suffisamment surveillée. On a beaucoup blâmé cette coutume d'entretenir des foyers lumineux, donnant à l'ennemi la faculté de calculer le nombre de l'adversaire ; mais très-souvent les généraux habiles s'en sont servis à leur avantage et ils ont fourni l'occasion de dissimuler des mouvements importants.

Le soldat français en campagne porte sur son dos un poids énorme, et paraît n'avoir qu'un souci, celui de l'augmenter de tout ce qu'il peut rencontrer sur sa route pour son alimentation. Généralement, les vieux mettent leur amour-propre à la belle confection d'un sac pesant environ de 30 à 35 kilog. Les forces humaines sont pourtant contraintes de se limiter, mais en entrant en marche, on ne songe pas à la fatigue qu'occasionnera un pareil fardeau, on ne s'en aperçoit qu'au bout d'un certain nombre de kilomètres, et alors, au lieu de jeter les vivres qui se remplaceraient facilement, on s'empresse de se débarrasser du matériel de campement, tels que bâtons de tentes, couvertures, etc. Une rigoureuse sévérité mettrait fin à de tels désordres, mais en marche la surveillance est difficile, et l'officier est souvent fort aise de recevoir, en échange d'une indulgence blâmable, une certaine quantité de vivres qui lui permet d'attendre l'arrivée de sa cantine.

Ce poids trop lourd nuit évidemment à la vitesse des mouvements, et la guerre se fait maintenant avec une célérité qui ne peut s'obtenir qu'autant que la charge sera diminuée au moins de moitié. L'équipement s'établirait ainsi : un képi, deux pantalons, une paire de fortes bottes, deux chemises de flanelle, une tunique, une capote ou manteau à capuchon, deux paires de bas, une de laine, l'autre de coton ou de fil, mais très-hauts de jambes, de manière à faire disparaître le caleçon, qui se salit trop vite, et dont le lavage est toujours imparfait, une couverture, une toile, un bâton et deux piquets de tente. Les ustensiles de cuisine se réduiraient à une gamelle-marmite dans le genre de celle adoptée par l'armée allemande, qui suffit largement aux besoins culinaires. Les bidons, marmites et poêles actuellemeut en usage, trop embarrassants par leur hauteur et leur largeur, seraient abandonnés. Des gibernes spéciales, d'une contenance de trente cartouches au moins et adaptées au ceinturon de manière à s'équilibrer l'une l'autre, déchargeraient d'autant le sac. Quant aux vivres, le café, le biscuit, le sel, pour deux jours au plus, n'ajouteraient pas beaucoup au poids ordinaire, la viande suivrait sur pied les bataillons. Les légumes secs, tels que haricots, pois, riz, ne doivent plus à l'avenir être distribués aux hommes qu'au jour le jour : leur emploi devient illusoire, parce qu'ils ne possèdent rien pour les contenir, et les routes suivies par les armées en étaient littéralemcnt couvertes.

Le schako, le bonnet à poil, sont des dépenses bonnes pour la parade, mais gênent en campagne, et on a vu combien se sont empressés de s'en débarrasser les troupes de l'armée du Rhin. Les chefs devraient tenir rigoureusement la main à ce qu'en aucun cas les hommes ne se surchargent d'objets autres que ceux qui leur sont donnés par l'État. Les cantines des officiers, quoique réduites à leur plus simple expression, sont très-encombrantes, et leur emballage ou déballage amène toujours une certaine confusion.

Beaucoup, dans la dernière guerre, ont préféré adopter le sac du soldat, et s'en sont parfaitement trouvés. Il serait peut-être bon que cette mesure fût continuée. Une voiture par deux bataillons suffirait dans ce cas au transport des pièces de comptabilité, et les officiers pourraient autoriser les hommes fatigués à y déposer leur sac : un tel allégement leur permettrait de suivre leur rang au lieu de rester en traînards sur les chemins parcourus par les colonnes expéditionnaires.

Les gardes mobiles devraient, au moins pendant un mois chaque année, être réunis dans les camps, afin de prendre part aux grandes manœuvres et de s'habituer ainsi aux mouvements d'ensemble et aux fatigues de la guerre. Les habits et les armes seraient laissés à leur disposition à leur rentrée dans leurs foyers, et une fois par semaine, le dimanche, par exemple, les compagnies se rendraient au chef-lieu de canton ou d'arrondissement pour y faire quatre heures d'exercice.

Le désarmement des gardes nationales a paru nécessaire au maintien de l'ordre, et cette mesure, contre laquelle on a beaucoup crié, semble montrer que l'on redoute de laisser des fusils aux mains de ceux qui ne font pas partie de l'armée régulière. On a constaté cependant que les armes restituées étaient presque toutes en bon état.

Les mêmes craintes ne doivent pas exister à l'encontre de la garde mobile. Le jeune homme de la campagne ou de la ville a bien autre chose à faire que

de songer à l'émeute, et le manque de cartouches arrê-
terait certainement les velléités de révolte de quelques-
uns. Avec les fusils vieux modèle, il était facile de fabriquer soi-même des munitions, mais avec le chassepot, cette fabrication n'est guère possible, puisque chaque partie de la cartouche a besoin d'un
outillage exprès, difficile à construire. Les approvisionnements voulus pour le tir à la cible seraient
déposés à la caserne de gendarmerie, et les officiers
veilleraient à la scrupuleuse restitution des cartouches
non brûlées.

La vue continuelle de ses effets militaires et de son
arme entretiendrait chez l'homme la pensée qu'un
jour ou l'autre il peut être appelé à la défense du pays,
et la famille s'habituerait plus facilement au sacrifice
qu'elle aurait plus tard à subir. Ceux qui ont assisté
à la remise des armes lors du licenciement des troupes
ayant fait campagne, ont certainement remarqué la
peine que causait au plus grand nombre la séparation
de ce fusil auquel ils avaient consacré tant de soins, et
qui leur avait été si utile dans tant de circonstances.

Qui ignore combien est grande dans nos campagnes la tradition des combats glorieux d'autrefois,
quelle vive attention l'on prête aux paroles du vieil-
lard lorsqu'il vous montre, pendu au manteau de la
cheminée, son vieux compagnon de fer, peut-être
encore plein de la charge mise à Waterloo !

Cette infatuation de la victoire que l'on nous a re-
prochée si souvent, n'est-ce pas là que nous l'avons
acquise dans ces récits de l'aïeul couvert de blessures,

et veut-on encore nous l'enlever ? Cette attitude si courageuse et si fière en face de la mort, cet amour effréné de la gloire, voudriez-vous les forcer à disparaître ?

Il faut, au contraire, si nous désirons nous relever, ressusciter en France l'esprit militaire, apprendre à tous les citoyens que l'affection de la patrie doit passer avant toutes les autres, et que celui-là seul fait son devoir, qui est constamment prêt à tout quitter pour voler à son secours. Ces sentiments généreux n'ont pas été éteints par l'Empire, ils ne sont qu'assoupis, et il vous appartient de les réveiller si vous voulez accomplir de grandes choses. La jeunesse française vaut bien ses ancêtres, c'est elle-même aujourd'hui qui réclame à grands cris des réformes, c'est un aveu généreux des défauts qu'elle sent exister dans son sein ; profitez donc de sa bonne volonté, dans quelque temps peut-être sera-t-il trop tard !

Je ne veux pas terminer ce sujet sans dire un mot de la manière dont, depuis la paix, on a réorganisé les cadres de la garde mobile. Dans une certaine quantité de régiments, aucun avancement de sous-officiers n'a eu lieu, et plusieurs ont fait montre de qualités véritables. Appelés à faire encore partie de l'armée parce qu'ils n'ont pas atteint l'âge fixé par la loi pour en sortir, ils ont vu avec stupéfaction que des officiers des bataillons de dépôt moins capables qu'eux-mèmes étaient désignés pour les commander : de là un mécontentement profond. Je citerai, à l'appui de ce que j'avance, le fait suivant. Un ancien soldat rappelé s'était fait inscrire sur les cadres de la mobile et fut immédiatement nommé sergent-major, uniquement parce qu'il avait fait ses sept ans. Se reconnaissant incapable de remplir l'emploi convenablement, il rendit un de ses galons et devint sergent instructeur. Au retour des bataillons de guerre il était capitaine, et malgré les réclamations d'un grand nombre d'officiers, son grade lui a été conservé, et cela dans un régiment de 3,000 hommes, dans lequel, pendant une campagne de six mois, aucun sous-officier n'a obtenu un poste supérieur à celui qu'il occupait au départ. La discipline exige, il est vrai, la soumission la plus absolue, on ne la refusera pas, parce que tous ceux qui ont combattu ont été à même d'en reconnaître la rigueur, mais il serait bien plus simple de mettre fin à des injustices aussi criantes.

Au reste, la réorganisation entraînera le retrait forcé d'un grand nombre d'officiers : les nominations faites sous l'Empire ou les élections des chefs par les soldats ont permis de constater l'incapacité des protégés ou des élus. Je ne doute pas le moins du monde que la vue seule de leurs titres n'ait pour conséquence la demande de leur démission. Plusieurs sont trop vieux, d'autres accablés de rhumatismes ; d'autres encore n'oseront peut-être pas reparaître devant les hommes témoins de certains tremblements sous le feu ou de maladies violentes survenues tout à coup ; enfin il faudra bien remplacer ceux qui ont glorieusement succombé ou ont été grièvement blessés. Il est bon que les grades vacants soient donnés au concours : les réclamations de tout genre cesseront ainsi immédiatement, et les soldats seront les premiers à avoir confiance dans ceux qui auront gagné leurs galons par l'étude et le travail.

On a beaucoup parlé, dans ces derniers temps, de l'adjonction aux régiments de ligne d'une batterie d'artillerie. A Paris, la garde républicaine a déjà inauguré ce système, prétendu nouveau, auquel on a prodigué des éloges aventurés. Sous le premier Empire un pareil essai fut ordonné, et les expériences démontrèrent qu'au lieu d'être utile aux troupes il était au contraire très-nuisible par suite des dérangements qu'il occasionnait dans les rangs et des embarras qu'il suscitait dans l'exécution des ordres. Les pièces de 4 destinées à cet armement sont bien loin de répondre aux besoins modernes, et chacun sait que les projectiles qu'elles lancent sont à peu près inoffensifs. Leur inutilité a été reconnue dans cette guerre par ceux qui ont pu en juger les effets. Dans sa relation du combat d'Arthenay, en date du 3 décembre, le correspondant d'un journal anglais s'exprime en ces termes : « Les brillants éclairs de l'artillerie des Fran-
« çais et l'explosion incessante et *innocente* de ses
« obus en l'air témoignaient de son désir de répondre
« aussi chaudement que possible au feu plus précis
« et plus destructif de l'ennemi. Aujourd'hui comme
« hier, j'ai été frappé de la proportion infiniment
« plus grande des blessures faites par les balles sur
« celles faites par les obus. »

Ce résultat, constaté sur le terrain, me paraît condamner définitivement l'emploi de pièces de si petit calibre, bonnes tout au plus pour la guerre de montagnes, et d'une portée trop restreinte dans celle de plaines. Il serait peut-être préférable de doter chaque régiment de ligne d'une section de mitrailleuses, dont le tir suppléerait avantageusement au remplacement de celui des pelotons disparus, et dont le maniement présente moins de difficultés que celui des pièces ordinaires. Le grand nombre de biscaïens qu'elles envoient, la vitesse du chargement sont des avantages sérieux et dignes d'être remarqués dans les luttes d'infanterie contre infanterie, où celle qui est le mieux couverte a le plus de chances d'être victorieuse. La pièce de 4 ne peut envoyer qu'un projectile par trois ou quatre minutes, et encore celui-ci n'éclate-t-il pas toujours ; sa portée assez courte est presque la même que celle de la mitrailleuse et elle n'offre pas les mêmes garanties de protection. Je laisse l'appréciation de ces idées aux hommes compétents.

L'infanterie française, quoi qu'on en ait dit et qu'on puisse encore en dire, n'a pas perdu le prestige qu'elle a su conquérir. Elle est restée la même, malgré la défaite, pleine de bravoure, d'audace, de sang-froid, et n'a succombé qu'écrasée sous le nombre. Dès le début, les soldats se sont battus un contre deux, un contre trois, et sous la pluie de fer qui les décimait sont parvenus à clouer les artilleurs ennemis sur leurs pièces. Malheureusement l'inhabileté des chefs n'a pas su ranger la victoire sous nos drapeaux, mais rien n'empêche les officiers sortis de la foule de devenir, par l'étude des méthodes nouvelles, des généraux distingués et estimés. Nous avons en nous tout ce qu'il faut pour reconquérir le premier rang militaire en Europe : il importe de se mettre immédiatement à l'œuvre, si nous ne voulons pas tomber encore plus bas.

Le matériel d'artillerie que les Allemands ont pris à la France fut, lors de son apparition, considéré comme supérieur en légèreté et en portée à ceux existants dans les armées européennes ; aussi chaque nation s'appliqua-t-elle, après en avoir étudié et admiré les effets sur les champs de bataille de Magenta et de Solférino, à se mettre au niveau ou à tenter de dépasser tout ce qu'on avait produit en ce genre. La Prusse fit appel à l'industrie privée, et trouva un puissant auxiliaire dans le mécanicien Krupp, dont les redoutables engins de guerre lui ont valu plus peut-être de succès inespérés que les conceptions stratégiques de M. de Moltke. Les bouches à feu prussiennes sont cependant loin d'avoir acquis tous les perfectionnements désirables, perfectionnements auxquels on n'arrivera, du reste, qu'alors qu'on sera parvenu à fabriquer des aciers plus résistants à la force expansive des gaz provenant de la déflagration de la poudre. Les expériences auxquelles on se livre ne sont pas suffisamment concluantes pour faire abandonner le bronze, plus lourd il est vrai, mais se dégradant moins et présentant plus de sécurité pour les canonniers.

On s'est beaucoup appliqué à faire remarquer que

la portée des bouches à feu en acier adoptées en Prusse était bien plus considérable que celle des nôtres, mais un point sur lequel on n'a pas, selon moi, assez insisté, c'est la dextérité excessive avec laquelle elles sont manœuvrées, grâce à un personnel des plus expérimentés. Je ne prétends pas insinuer par là que nos artilleurs fussent au-dessous des leurs, bien loin de là ; notre artillerie en tant que servants a montré des qualités indiscutables dans le maniement des pièces à sa disposition, et, fait tout à sa louange, c'est que même après la disparition de ce que l'on jugeait de meilleur dans ce corps particulier, et luttant contre des canonniers habitués de longue main avec des hommes ne possédant pas le quart des études demandées, elle a su, toutes les fois qu'elle s'est trouvée à bonne portée, entretenir un tir d'une surprenante habileté.

Malheureusement le calibre inférieur des canons, leur portée très-limitée, l'insuffisance des attelages, sont des défauts que toute la bonne volonté possible ne peut racheter en ligne, et trop souvent il arrivait que les pièces étaient démontées à des distances auxquelles elles ne pouvaient répondre.

Cet ancien matériel a donc entièrement besoin d'être refait, et jusqu'ici aucun système digne d'éloges n'a attiré l'attention. Le canon de Reffye de 7 est le seul qui ait rendu des services d'un heureux présage ; mais il est encore aux mains de l'inventeur, et le comité d'artillerie, qui ne juge pas à propos de livrer au public ses appréciations, n'a sans doute rien trouvé qui le satisfasse, puisque les pièces en usage sous le second Empire servent toujours à l'instruction des artilleurs et ne semblent pas devoir céder la place à d'autres, du moins quant à présent.

L'augmentation des régiments d'artillerie est un fait accompli. Leur nombre a été porté à quarante, ce qui, à 8 batteries, donne un total de 2,560 canons, chiffre représentant une moyenne d'un peu plus de 3 pièces par mille hommes, à laquelle on veut s'efforcer d'arriver. Dans le cas de l'adjonction d'une section de mitrailleuses par régiment d'infanterie, cette force se trouverait augmentée de 450 bouches à feu, et l'on obtiendrait ainsi un résultat d'un peu plus de 4 pièces par mille hommes, reconnu par les juges compétents comme celui auquel on doit s'arrêter pour ne pas tomber dans l'excès.

Le comité d'artillerie, qui seul peut procéder au réarmement en examinant les systèmes qui lui sont soumis, et en imposant au choix du gouvernement celui qui lui paraît le meilleur, n'a pas, sans doute, trouvé la solution d'un problème dont l'importance n'échappe à personne. Si les moyens d'investigation ou d'encouragement à des recherches déjà faites mis à sa disposition ne lui semblent pas suffisants, s'il n'a pu découvrir au milieu des projets livrés à son examen le modèle de la pièce répondant à des besoins rendus évidents par l'expérience, c'est peut-être parce qu'il craint trop de s'aventurer dans le domaine public, qu'il s'adresse de préférence aux spécialités nées en lui, et qu'il redoute de voir d'au-

tres que lui-même inventer ce qu'il a infructueuse-
ment cherché.

Ma compétence dans une telle question est complétement nulle ; comme tous, je ne peux que juger les
événements et signaler les défectuosités qu'ils ont
étalées au grand jour ; il ne m'appartient pas de parler
de choses dont je ne saurais connaître : je laisse donc
à d'autres plus instruits et plus capables que moi-
même (et le nombre en est grand) le soin de traiter
un sujet qui réclame de la part de ceux qui s'en
occupent un travail et des études particulières de plusieurs années.

L'introduction dans les armées des fusils à tir rapide et les terribles effets produits sur la cavalerie
autrichienne dans la guerre de 1866, firent croire
un moment que le rôle joué dans les batailles
par les cavaliers devait être dans l'avenir considéré
comme nul, et qu'il était important de les diminuer
dans une large mesure. Cependant on voyait la Prusse
qui, plus que toute autre puissance, avait été à même
de juger les événements, conserver la sienne entière
et l'on se garda bien, en prévision d'une lutte que
tous désiraient, de rien changer à ce qui existait
déjà. On ne se demanda pas quel serait le meilleur
mode à adopter pour que la cavalerie fût efficace en
ligne ; on savait qu'en théorie générale elle avait
certaines opérations tracées, c'est-à-dire les reconnaissances à longue distance, la surveillance des avant-
postes, la poursuite de l'infanterie en déroute, le service des convois, des prisonniers, l'escorte des géné-

raux, etc., mais personne ne songea à deviner l'emploi auquel la destinait l'état-major prussien.

Il nous a été donné de nous éclairer à cet égard, et l'on peut aujourd'hui formuler, sans risque de se tromper grossièrement, que, loin d'être diminuée, la cavalerie a au contraire plus que jamais besoin d'être augmentée en proportion de l'infanterie dont elle doit couvrir et masquer les manœuvres, de telle sorte que derrière le rideau formé par elle le général en chef ne laisse deviner aucun des mouvements qu'il exécute.

Il faut en outre que son service se fasse avec la plus grande rapidité, et pour cela qu'elle soit parfaitement montée et que le poids à supporter par le cheval soit aussi léger que possible. Ce qui a peut-être le plus influé sur la conservation des régiments de cuirassiers, c'est la brillante gloire qu'ils ont acquise dans l'immortelle charge de Reischoffen et la préservation qu'ils ont donnée au corps de Mac-Mahon, en se sacrifiant pour protéger sa retraite. Mais il n'en reste pas moins vrai que leurs armes sont trop lourdes, que pour manœuvrer ces régiments ont besoin d'un terrain particulier, le plus sec et le plus plat possible, pour que les chevaux ne pataugent pas et que leur élan ne soit pas paralysé. Le casque légendaire destiné à abriter le front et le derrière de la tête est trop massif et trop lourd et devrait être remplacé par un plus léger, offrant à la balle la même résistance. Le petit nombre du reste des régiments de cuirassiers ne permettra de leur faire prendre part à l'action que dans des pays peu accidentés.

4.

Quant aux dragons, qui servent d'intermédiaires entre la grosse cavalerie et la cavalerie légère, leur conservation n'était pas plus nécessaire que celle des lanciers, et il est probable que le temps amènera leur disparition.

Il serait bon de ramener la cavalerie à un type uniforme de costume ainsi que l'infanterie ; leur diversité entraîne les mêmes inconvénients et l'habillement du cavalier revient à des prix trop élevés. Les brandebourgs jaunes ou blancs, les aiguillettes, les casques de différentes formes, les selles de différentes dimensions, nécessitent une main-d'œuvre variée et l'achat de pièces de drap qui ne peuvent servir qu'à certains corps. Le luxe n'est plus de rigueur aujourd'hui, nous ne sommes plus dans un temps où il faille s'appliquer à créer et à orner des soldats pour faire l'admiration des naïfs qui courent aux revues, il faut que l'homme au service soit constamment équipé comme s'il devait entrer en campagne le lendemain. Les parades plus ou moins brillantes, la tournure qu'aura le militaire dans la rue, sont choses futiles et bonnes à reléguer dans l'ombre ; le nécessaire, rien que le nécessaire est exigible, et la durée des congés étant relativement restreinte, il importe que toutes les heures en soient occupées, surtout dans la cavalerie, où deux études marchent parallèlement, celle du cheval et celle du maniement d'armes.

Un des corps les plus estimés est celui des chasseurs d'Afrique, cavaliers intrépides, rusés, entreprenants, habitués par la vie du désert aux embuscades, aux escarmouches, à se tenir sans cesse sur le qui-vive, à apprécier et à reconnaître les évolutions de l'ennemi. Les indications qu'ils apportent aux chefs de corps dans ces luttes où la ruse est un des principaux auxiliaires de l'adversaire sont précises et toujours d'un puissant concours.

Notre cavalerie tout entière devrait être façonnée de cette manière, et non pas seulement aux manœuvres par escadrons ou régiments. Il lui faudrait un cadre d'officiers très-intelligents, connaissant à la perfection la géographie des pays dans lesquels ils font la guerre et suppléés en sous-ordre par des sous-officiers instruits et distingués.

Les uhlans prussiens qui ont jeté la terreur et le désarroi dans nos départements de l'Est étaient presque tous des individus ayant résidé en France, dans les lieux mêmes où ils étaient appelés à pénétrer les premiers, et c'est ce qui explique leur profonde notion des habitudes locales, des contributions que pouvaient supporter les villes envahies, et des forces peu nombreuses dont elles disposaient pour leur défense lorsqu'elles n'étaient pas situées sur la ligne d'opérations de l'armée. Je sais bien qu'aujourd'hui les Allemands ne toléreraient pas que l'on fasse chez eux ce qu'ils ont trop bien fait chez nous. Le caractère des deux nations diffère essentiellement, et la générosité du nôtre s'opposera toujours à des essais de ce genre.

Mais des expériences peuvent avoir lieu dans les camps, et une instruction quotidienne acquise sur le terrain par les cavaliers serait de beaucoup préférable à la pratique du lavage et du nettoyage d'écurie, du pansement méticuleux du cheval, à laquelle se bornait la science des trois quarts des hommes.

Le service des reconnaissances demande de la part des officiers qui le dirigent une habileté peu commune ; ce n'est que par une grande habitude qu'ils pourront parvenir à juger et à discerner à peu près exactement les tendances et les forces de l'adversaire, et conséquemment à remplir fructueusement la mission à eux imposée par les commandants, mission dont l'utilité est des plus grandes et qui réclame de la part de celui à qui elle est confiée le soin le plus consciencieux, puisque c'est souvent sur les seules indications fournies par lui que le général en chef peut concevoir les évolutions à effectuer.

Les régiments les plus renommés par leur bravoure et surtout par leur furie indomptable sont les tirailleurs algériens. La sauvage énergie qu'ils ont montrée au combat de Wissembourg a ajouté encore à leur vieille réputation. Guidés par des officiers qui les connaissent et savent s'en faire obéir en leur offrant partout le modèle de la plus brillante valeur, ils ont pénétré dans les masses allemandes « comme un coin de fer dans du bois », disait le correspondant du *Times*. Cependant les qualités de ces hommes ne sont pas appropriées ainsi que semble l'exiger le caractère de leur nationalité.

L'Arabe est né cavalier, et le métier de fantassin convient peu à sa passion guerrière : ce n'est qu'en invoquant la religion qu'Abdel-Kader a pu former ses réguliers, et encore dans la mêlée ces derniers jouaient-ils un rôle presque toujours de protection, c'est-à-dire qu'ils combattaient constamment à côté du cavalier et le remplaçaient au besoin lorsqu'il venait à succomber. Monté sur le cheval rapide du désert, vrai centaure, amant de la solitude et forcé d'être constamment l'œil au guet, l'oreille aux écoutes, il acquiert, si je puis m'exprimer ainsi, le flair de l'homme et remplit par excellence l'emploi d'éclaireur. Pourquoi, en conservant la même organisation que les turcos possèdent actuellement, n'en formerait-on pas trois régiments de cavalerie? La tentation du désert est, il est vrai, bien grande pour l'indigène, et il serait à craindre qu'une fois monté il n'en profite pour déserter plus facilement et reprendre son ancienne existence nomade. Mais en augmentant le nombre des officiers et sous-officiers européens, et en réprimant énergiquement les premières tentatives de désertion, il n'est pas douteux que l'on arrive à les soumettre. Les irréguliers volontaires qui, pendant la guerre franco-prussienne, ont servi dans nos armées, ont rendu des services réels et reconnus par ceux qui les avaient sous leurs ordres.

La transformation de notre cavalerie est, du reste, à l'ordre du jour, et je n'insiste pas davantage sur un sujet auquel de nombreux soins sont déjà consacrés. La direction à donner aux études que j'indique en passant sera probablement adoptée si l'on veut tenir compte des nombreuses observations que l'on a dû recueillir dans cette campagne, et il ne me paraît pas douteux que l'on sache en profiter dans cette arme qui possède, plus peut-être que l'infanterie, des cadres bien composés.

IV

Me voici parvenu à la fin de la tâche que je m'étais imposée : l'appréciation consciencieuse des causes de nos revers et l'étude des moyens de les réparer. Dans les longs documents que j'ai consultés, je n'ai trouvé que la main du malheur s'appesantissant sur notre infortuné pays. J'ai souffert amèrement en envisageant les calamités qui nous ont assaillis ; bien souvent je me suis demandé par quel enchaînement de fatales circonstances nous étions arrivés à la ruine et s'il était possible de nous en relever.

Eh bien ! j'aime à le dire, au milieu de tous ces maux et de cette effroyable infortune, j'ai puisé des consolations à ma douleur dans la contemplation de notre héroïque courage, j'ai pu ranimer mon espoir à la vue de tant de nobles sacrifices, et plus que jamais j'ai compris que nous étions encore la grande nation. Mais il n'y a plus d'illusions à se créer, il ne faut plus vivre sur le passé, il faut que la jeunesse française ne compte plus que sur elle-même ; car c'est elle et elle seule qui pourra, en s'adonnant sérieusement à l'étude, nous faire recouvrer le rang que nous occupions dans le monde.

Chacun aujourd'hui en France a contribué de sa personne à la défense du territoire envahi; chacun sait, parce qu'il a été le témoin de la désorganisation morale, combien il importe à tous de s'appliquer à l'œuvre commune de la régénération. Ce devoir vous incombe à vous surtout, jeunes gens de 20 à 25 ans, car vous êtes les gouvernants de l'avenir : ne donnez à personne le droit de vous dire plus tard que vous n'avez pas voulu profiter de la terrible leçon qui vous a été infligée.

De nombreux obstacles surgiront sur votre route, cela est vrai; mais en vous appuyant sur la conscience de votre honnêteté politique, vous à qui il n'a heureusement pas été permis de violer plusieurs serments, vous arriverez à votre but, forts de l'appui des hommes de bien et redoutables surtout parce que votre vie entière sera à l'abri du reproche.

Ne vous replongez pas dans cet énervement volontaire de l'intelligence qui déjà nous a été si fatal; travaillez constamment, si vous désirez reconstruire la grandeur de la nation. Ne laissez rien à faire à vos fils, qui un jour peut-être vous demanderaient compte de la servitude de la patrie et de son abaissement en Europe; donnez l'exemple de l'abnégation et du dévouement aux intérêts du pays, le seul vraiment beau et digne d'estime, le seul capable de faire naître de grands citoyens.

Au milieu de ces tristes événements, un homme avait surgi, plein de cœur et d'intelligence, patriote ardent, croyant à la France parce qu'il l'aimait, lui, d'un amour sincère et profond. Par son énergie il arrache à leur stupéfaction ses concitoyens démoralisés par le malheur ; il crée, il organise des armées ; la victoire lui sourit un instant, il est acclamé ; elle le quitte, il est conspué, et c'est à qui de nos jours essayera d'accabler d'injures celui à qui Rome eût voté des couronnes pour le remercier de n'avoir pas désespéré du salut de la patrie.

Cet homme est le seul vraiment digne de vous représenter, parce que son passé est sans tache ; lutteur accablé mais non vaincu, il tient sur la brèche le drapeau de l'avenir et il vous appelle au combat, persuadé que, soutenu par vous, il ne saurait succomber. Il est donc urgent que vous preniez part aux affaires publiques : votre désintéressement ne peut causer que votre perte. Ce parti de la jeunesse française auquel je fais un pressant appel ne faillira pas à sa tâche, c'est encore en lui qu'on doit le plus espérer, et il a assez versé de son sang sur les champs de bataille pour avoir le droit d'affirmer ce qu'il vaut. Réveille-toi donc, ô jeune République, sors de la léthargie profonde où tu es plongée, et, comme la Phryné antique, jette bas ton vêtement et fais voir à ces vieillards que leurs séniles désirs sont impuissants pour assouvir ta fiévreuse passion de gloire et de liberté !

FIN.

Clichy. — Imprimerie Paul Dupont, rue du Bac-d'Asnières. 12.

BIBLIOTHEQUE NATIONALE
Désinfection 19 8L
N° 10104

www.ingramcontent.com/pod-product-compliance
Lightning Source LLC
Chambersburg PA
CBHW051607060726
47597CB00004B/1180